课本里的中国

城市之光

程鹃 编著

童趣出版有限公司编　人民邮电出版社出版

北　京

图书在版编目（CIP）数据

课本里的中国：城市之光 / 程鹃编著；童趣出版
有限公司编. -- 北京：人民邮电出版社，2023.5
ISBN 978-7-115-59885-1

Ⅰ．①课… Ⅱ．①程… ②童… Ⅲ．①城市地理—中
国—少儿读物 Ⅳ．①K928.5-49

中国版本图书馆CIP数据核字(2022)第151641号

编　　著：程　鹃
策划编辑：许　璇
责任编辑：徐　妍
执行编辑：王雨曦
责任印制：李晓敏
封面设计：冯伟佳
美术编辑：段　芳

编　　　：童趣出版有限公司
出　　版：人民邮电出版社
地　　址：北京市丰台区成寿寺路 11 号邮电出版大厦（100164）
网　　址：www.childrenfun.com.cn

读者热线：010-81054177　　　经销电话：010-81054120

印　　刷：河北京平诚乾印刷有限公司
开　　本：787×1092　1/16
印　　张：6
字　　数：111 千字

版　　次：2023 年 5 月第 1 版 2023 年 5 月第 1 次印刷
书　　号：ISBN 978-7-115-59885-1
定　　价：39.80 元

　　语文课本是孩子培养审美、开阔眼界的重要渠道，包罗万象的课文是孩子了解世界的重要途径。秀美的山水、宏伟的建筑，以及那些遥远又亲切的文化名城、历史名人，会随着文字在孩子心中激起涟漪，引发遐思。读着课本里的中国故事，了解中国的历史，领略中国的文化，是每一个中国孩子成长的必由之路。

　　《课本里的中国》把一粒粒散落在语文课本中的"珍珠"串联起来，由点到面，由近及远，串联起一座座城市的今天与昨天；串联起一方方山水的沧桑与辉煌；串联起一座座建筑的历史文化；串联起一个个名人的人生足迹。

　　从这套书中，我们可以窥见历史的更迭交替，梳理文化的发展脉络，感受文人墨客的精神风骨，了解独具特色的风土人情。

　　当然，这套书的意义还远不止于此。

　　这套书让孩子既"读"又"行"，且"行"且"思"，走进课本，再从课本中走出来，踏遍中华大地，看高山流水，赏城市之光，在名人故里中寻找前人的生活智慧，在巍巍古建中体味中华民族的伟大与光荣。

读万卷书，行万里路，思千古事。"读""行""思"的结合，会让孩子变得视野开阔、内心丰盈。

《课本里的中国》如同在孩子的阅读与生活中架起一座桥梁，通过这套书，孩子的阅读体验会变得更加丰厚、充实，旅行的步伐也会变得更加清晰、坚定。因此，这套书可以是：

一本本语文课本的拓展读物；

一幅幅身临其境的旅行地图；

一次次脚踏实地的探索之旅；

一场场充满遐想的梦幻游历；

…………

我们期待的最美好的阅读状态是家长和孩子，或者孩子和老师一起走在中国的大地上，怀着了解历史文化的欣喜，带着探寻与发现的新奇，实地实景讲述中国故事，身临其境感受中华文明，触摸历史，憧憬未来，让陈列在广阔大地上的遗产"活"起来，让"课本里的中国"真正走进孩子的内心。

全国小语会理事 特级教师

李学红

杭州 43

杭州，古称临安，是中国 7 大古都之一，从唐朝起就享有"东南名郡"的美誉。

扬州 53

扬州城始建于周朝，拥有约 2500 年的建城史，其间经历了汉、唐、清三朝鼎盛，浓缩了由汉至清的文化历史。

武汉 63

武汉简称"汉"，是湖北省省会，也是长江中游地区最大的水陆空交通枢纽。

成都 71

成都是四川省省会，自古以来就享有"天府之国"的美誉。

武威 79

凉州，即今天的甘肃省武威市及周围大部分地区。自古以来就有"天下要冲，国家藩卫"的美称。

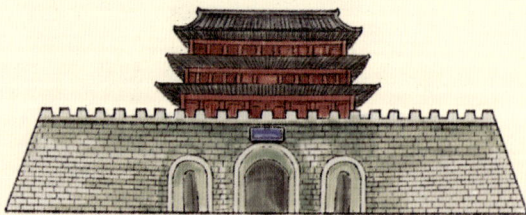

北京

课本里的北京

《北京的春节》老舍

按照北京的老规矩，春节差不多在腊月的初旬就开始了。"腊七腊八，冻死寒鸦"，这是一年里最冷的时候。可是，到了严冬，不久便是春天，所以人们并不因为寒冷而减少过年与迎春的热情。

——六年级下册

相关名家名篇

老舍《茶馆》《四世同堂》　　　　林海音《城南旧事》

郁达夫《故都的秋》　　　　　　　冰心《北平之恋》

鲁迅《北京的秋天》　　　　　　　江曾祺《胡同文化》

上榜理由：中华人民共和国首都

北京，古称燕京、北平，是我国的首都，也是我国的政治、文化和国际交往中心。它很古老，有3000多年的历史，是举世闻名的古都。它很"富有"，拥有7项世界文化遗产，是世界上拥有文化遗产项目数量最多的城市。它充满活力，聚集了中国最多的科研机构，也是目前为止全世界唯一举办过冬、夏两季奥运会的城市。

下面，就让我们一起走近北京、发现北京、了解北京，在厚重的历史中寻觅中国传统文化的印记，在时代的脉搏中感受当代北京的蓬勃发展。

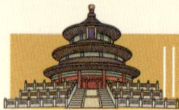

　　古人这样形容北京的地理位置："幽州之地，左环沧海，右拥太行，北枕居庸，南襟河济，诚天府之国。"

　　幽州，在这里代指的就是北京。

　　从地图上看，北京位于中国的东北部。它面山背海，往西是绵延起伏的太行山脉，往东是波澜壮阔的渤海；北边是"天下九塞"之一居庸关，南边与黄河、济水相接，是一个物产丰饶、地理位置优越之地。也正是因为如此，元、明、清三代王朝，都把都城选在了北京。所以现在很多人说起北京，都喜欢叫它"帝都"。

　　但如果你以为北京有的仅仅是皇家气派，那就错了。

它还是文化的中心地。

20世纪初，以北京大学、清华学校、燕京大学等高校为代表的教育重地，使北京成为最有学术氛围和人文精神的地方。新文化和传统文化在这里交汇，并完美融合。

同时，它也是平民家园。

四通八达的小胡同，藏在胡同深处的老店铺，城墙根下的果子摊，走街串巷的货郎、剃头匠、冰糖葫芦摊……每一个普通的老百姓，都能在北京找到自己的生活乐趣。

正如著名作家林语堂所说："北平是宏伟的，北平是大度的。它容纳古时和近代，但不曾改变自己的面目。"

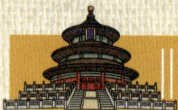

燕京

旧石器时代

相信你一定看到过这张图片，这就是闻名世界的北京猿人，也叫"北京人"。北京人就生活在今天北京市房山区的周口店镇。

辽朝 金朝

辽朝是历史上由契丹族建立的朝代。辽会同元年（938年）以幽州（治今北京城西南隅）为南京，亦称燕京。1153年，金朝皇帝完颜亮正式建都于燕京，北京城的地位日益重要起来。

旧石器时代 ········· 战国 ········ 秦朝 ······· 辽朝金朝 ·······

战国

周武王灭掉商朝后，把他的兄弟姬奭封到"蓟"这个地方，也就是现在的北京，建立起燕国。战国时期"荆轲刺秦王"的故事，主角之一就是燕国的太子丹。

秦朝

公元前221年，秦始皇灭掉六国，建立秦朝。他采用丞相李斯的建议，推行郡县制，把天下分为三十六郡。北京的大部分地方被划到了广阳郡，首府是蓟城，位于今天的宣武门到和平门一带。

在秦朝以后1000多年的时间里，北京一直是我国北方的军事重镇和交通中心。

元朝是马背上的民族——蒙古族建立的王朝。

元朝

1267 年，元世祖忽必烈下令正式迁都北京，并将其改名为大都，北京第一次成为一个大一统国家的首都。

清朝

清军进入山海关后，迅速攻占了北京。1644 年 10 月，北京正式被确立为首都。

元朝 · · · · · · · · · · 明朝 · · · · · · · · · · 清朝 · · · · · · · · · · 新中国 · · · · ▶

明朝

朱元璋建立明朝之后，定都应天府（今江苏南京），并把元大都改名为"北平"，意为"北方安宁平定"。1402 年，明成祖朱棣登上皇位，把他做燕王时的封地北平府改为顺天府。1421 年，明成祖正式将首都从南京迁往北京，北京开始成为全国的政治、文化中心。

新中国

1949 年 9 月 27 日，中国人民政治协商会议第一届全体会议一致通过：中华人民共和国的首都定于北平，并自即日起，改名为北京。

如今的北京，作为世界著名古都和现代化国际都市，正向人们述说着它崭新的时代风貌。

5

听在北京

京剧是中国影响力最大的戏曲剧种，被称为中国国粹。

200多年前，安徽四大地方戏班——三庆班、四喜班、春台班、和春班，先后进京献艺，揭开了京剧发展史的序幕。它以徽调"二黄"和汉调"西皮"为主，兼收昆曲、秦腔、梆子戏等地方戏精华。

在京剧中，不同的人物有不同的装扮。从他们的扮相中，就可以看出他们的年龄、性格、身份，甚至职业、社会地位等。比如说：帝王戴王冠，文官戴纱帽，武将戴盔，书生戴方巾。鼻梁上抹着一块白粉的，是丑角；红脸代表忠义英勇，比如关羽；黑脸表示公正廉明，比如包公；白脸则代表着奸诈多疑，比如曹操；金脸象征着威武、庄严，大多数是神仙，比如二郎神……

读在北京

老舍是地道的北京人，他笔下那些我们耳熟能详的故事，大都发生在北京。

老舍

可是，我真爱北平……我所爱的北平不是枝枝节节的一些什么，而是整个儿与我的心灵相黏合的一段历史，一大块地方，多少风景名胜，从雨后什刹海的蜻蜓一直到我梦里的玉泉山的塔影，都积凑到一块……

——《想北平》

然后是郁达夫，他和老舍一样深爱北京。

我的不远千里，要从杭州赶上青岛，更要从青岛赶上北平来的理由，也不过想饱尝一尝这"秋"，这故都的秋味。

——《故都的秋》

郁达夫

林海音

还有林海音。从童年时代开始，她在北京生活了20多年。哪怕后来离开北京，那些回忆还留在她的记忆中。

我是多么想念童年住在北京城南的那些景色和人物啊！我对自己说，把它们写下来吧。就这样，我写了一本《城南旧事》。

——《城南旧事·序》

此外，鲁迅先生与北京也有着不解之缘。

俯瞰北京古城的色彩。紫禁城的红墙、金色的琉璃瓦、深红的廊柱、墨绿的古柏、汉白玉的雕栏……这些色彩总是异常分明。

——《北京的秋天》

鲁迅

你还读过哪些关于北京的文章，和大家分享一下吧。

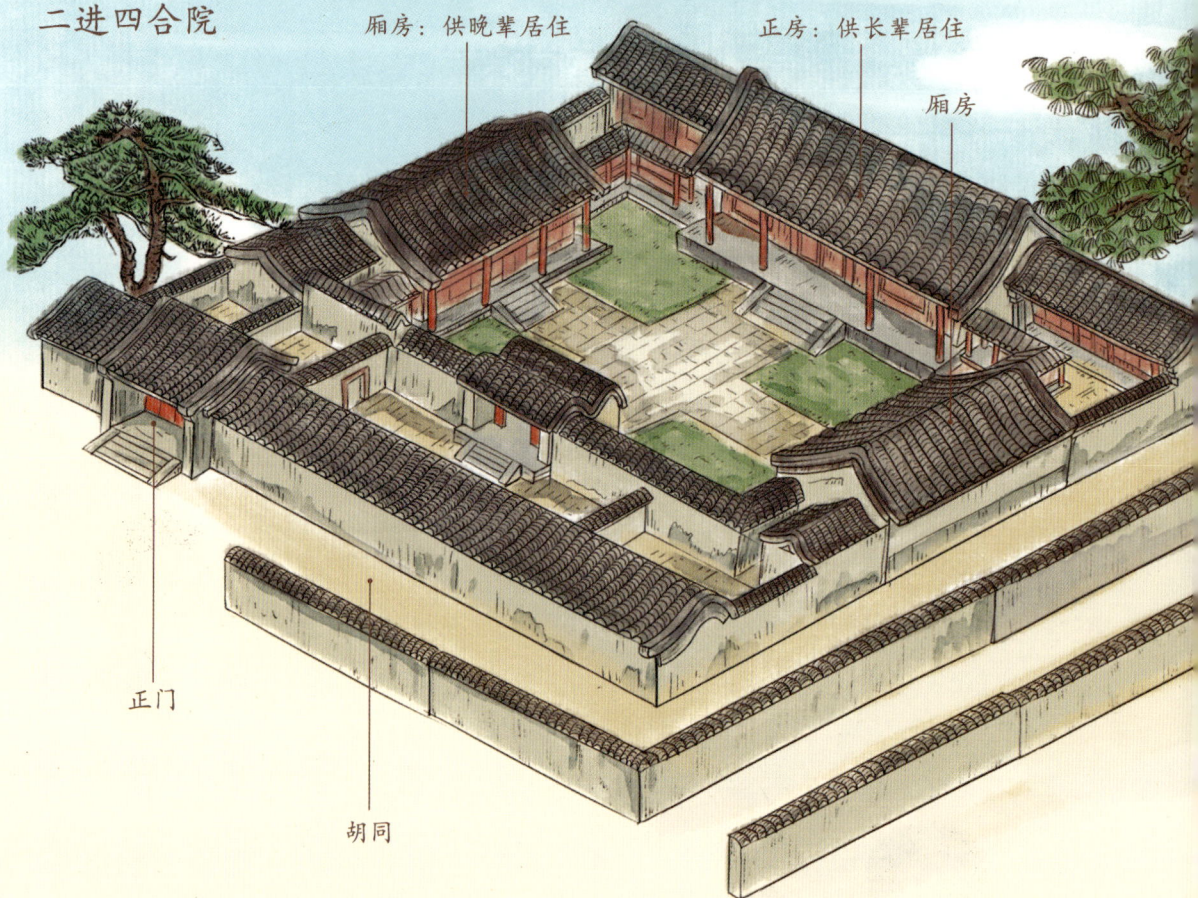

二进四合院

厢房：供晚辈居住

正房：供长辈居住

厢房

正门

胡同

逛在北京

听完读完还远远不够，要想了解北京，一定得亲自走走。先从哪儿开始呢？当然是最具北京特色的四合院和胡同了！

四合院是最典型的北京民居。"四"指的是东西南北四个方向，"合"是合拢、围合，"院"是庭院。四个方向的房子把一个庭院围在中间，这就是四合院。常见的四合院有一进院落、二进院落、三进院落及复合型院落。

其实，全国各地都有四合院，北京的四合院为什么这么有名呢？这是因为，北京的四合院，所有的正房都坐北朝南，方方正正，那是留给长辈居住的。在正房的周围，整齐的抄手游廊连接着东西厢房，为晚辈居住。垂花门作为前院和内院的唯一通道，外人一般不得随便出入。俗话说大家闺秀"大门不出二门不迈"，"二门"指的就是垂花门。

耳房：常用作书房、厨房或库房

三进四合院

垂花门：前院和内院的唯一通道

耳房

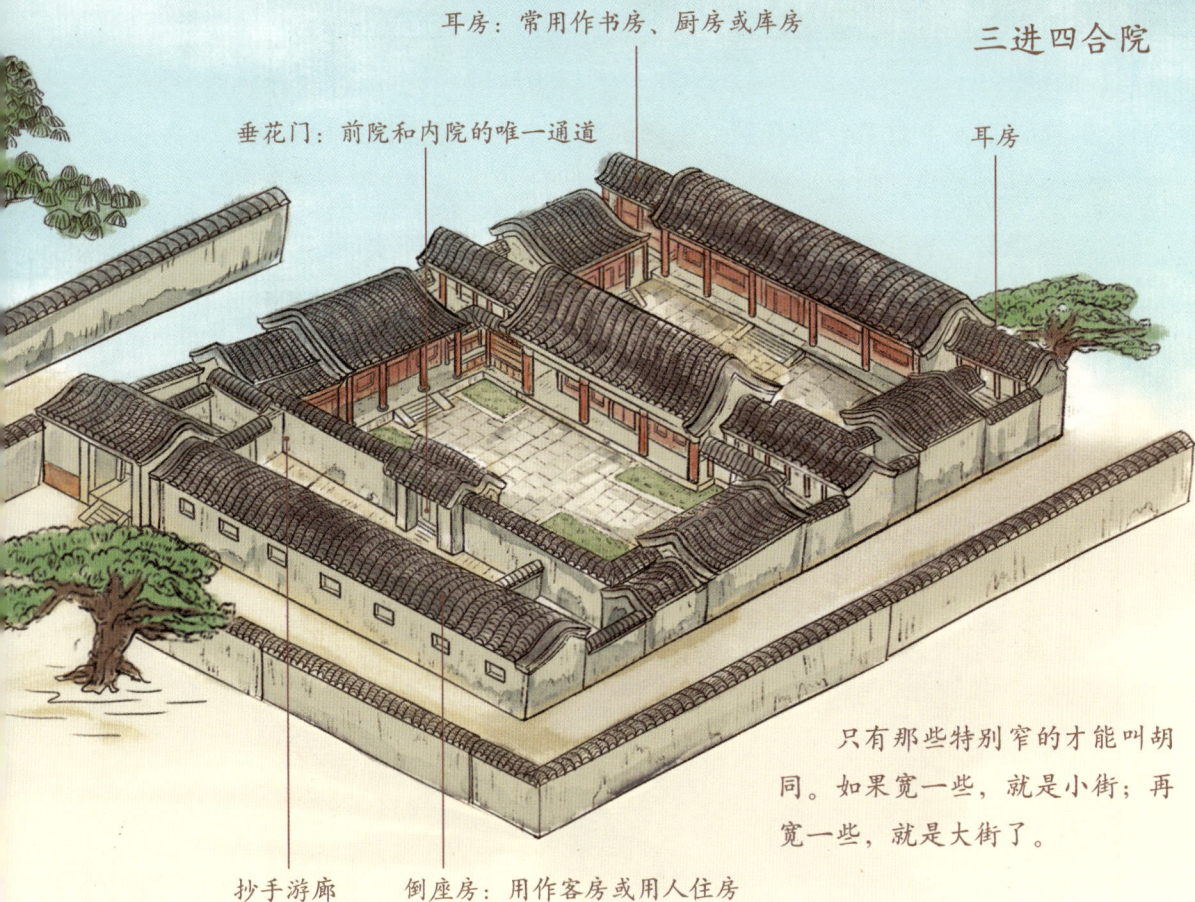

只有那些特别窄的才能叫胡同。如果宽一些，就是小街；再宽一些，就是大街了。

抄手游廊　　倒座房：用作客房或用人住房

　　将垂花门和东西厢房及正房连接起来的走廊，叫抄手游廊。所谓抄手，就是手围成怀抱的形状。无论刮风下雨，住在厢房的孩子们都可以去正房，给长辈问安、陪长辈闲聊。耳房位于正房两侧，常用作书房、厨房或库房。

　　胡同是北京的另外一个标志，北方用为街巷的通称。

　　早在元朝，就有了"胡同"的称呼。明朝以后，随着经济发展，北京的人口越来越多，房子也越盖越多，房子之间那一条条用来进出的胡同，当然就更多了。

　　北京的胡同究竟有多少呢？老北京有句俗话：大胡同三千六，小胡同赛牛毛。

　　你知道哪些北京有名的胡同，告诉我们吧。

中轴线上的城市

　　如果你来到北京，站在景山公园的万春亭上，就会清楚地看到：一条规规矩矩的中轴线，把北京城一分为二。

　　这条线，南起永定门，一直往北，经过正阳门、天安门、故宫、景山，一直到钟楼，全长 7.8 千米。如果你瞪大眼睛，再往北还可以看到奥林匹克

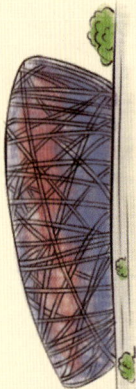

北京申奥成功后，中轴线再次向北延长，东边是国家体育场（鸟巢），西边是国家游泳中心（水立方）。

鸟巢

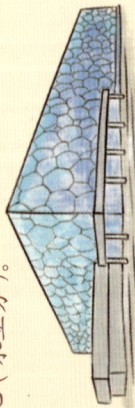

水立方

钟楼位于中轴线的北端，是用来报时的建筑。钟声响，城门开。

钟楼

景山位于故宫的正北边，原来是元明清三代的皇家御苑。登上景山最高处的万春亭，向西还可远眺北海的标志性景点——白塔。

景山

白塔

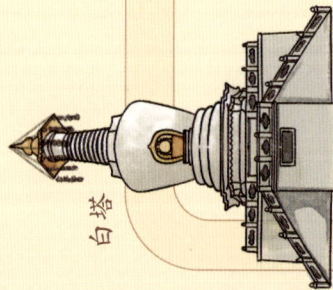

太和殿就是俗话说的金銮殿。它与中和殿、保和殿被统称为"三大殿"，是紫禁城外朝的中心。

太和殿

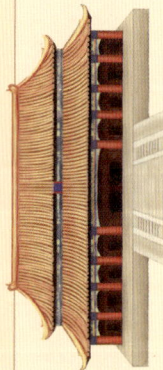

公园……它们穿起了北京的过往、现在与未来。

在中轴线的两边，对称排列着各种建筑、景致。每一座建筑都有一个响亮的名字：天坛、太庙、社稷坛……每一处景致都有讲不完的故事。它们，既是北京的象征，也是中华文明的象征。

午门

始建于 1420 年的午门是紫禁城的正门，午门的平面布局好像凤凰展翅，因此也被称为五凤楼。

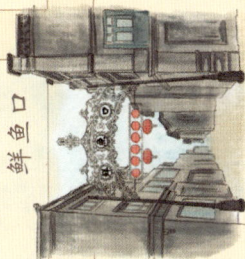

鲜鱼口

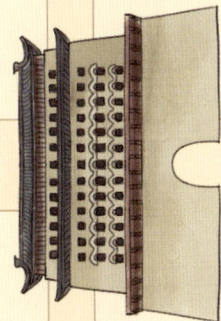

正阳门

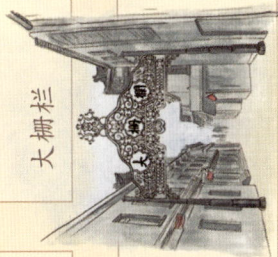

大栅栏

正阳门俗称前门，是明清两代北京城内城的正南门。正阳门两边的鲜鱼口和大栅栏，是老北京标志性的传统商业街。

天坛

天坛是明清两代皇帝祭天和祈求五谷丰登的地方。

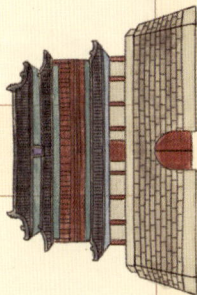

永定门

永定门是北京外城城门中最大的一座，也是北京城的南大门。

吃在北京

逛了那么多北京的名胜古迹，让我们再来品一品地道的北京美食，大快朵颐吧！

提到北京，很多人首先想到的就是烤鸭。据说，早在明朝的时候，烤鸭就已经是人人喜爱的美食了，连明太祖朱元璋都会"日食烤鸭一只"。后来，明成祖迁都北京，也把南京的烤鸭带到了北京，它迅速成为北京最有代表性的美食之一。

北京烤鸭

北京的美食，往往与北京人的生活息息相关。清晨早起，喝碗豆汁、吃碗卤煮，日子也变得有滋有味起来。结束忙碌的工作回到家，就着爽口的菜码吃一碗炸酱面，一天的疲惫便一扫而空。冬日邀上三两好友，下馆子涮羊肉，绝对是最佳选择。

豆汁

卤煮

炸酱面

铜锅涮肉

除此之外，北京的甜食也是一绝。京八件、糖葫芦、萨其马、果脯蜜饯、豌豆黄、芸豆卷……连鲁迅先生都吃得不亦乐乎，就算是牙疼，也抵挡不住。

午后得羽太家寄来羊羹一匣，与同人分食大半。下午齿痛。次日，赴王府井牙医徐景文处治牙疾，约定补齿四枚……过稻香村买饼干一元。

——《鲁迅日记》

京八件

"京八件"又叫"大八件"，指的是八种形状、口味不同的糕点，在众多京式糕点中独具特色，原为明清宫廷糕点，后来才流传到民间。

南京

课本里的南京

《南京长江大桥》佚名

我来到南京长江大桥。今天的天气格外好，万里碧空飘着朵朵白云。大桥在明媚的阳光下，显得十分壮丽。波浪滚滚的江水中，9个巨大的桥墩稳稳地托住桥身。正桥连接着22孔引桥，仿佛一条钢铁巨龙卧在大江上面。

——三年级下册

相关名家名篇

李白《金陵三首》　　　　　王安石《桂枝香·金陵怀古》

杜牧《江南春》　　　　　　朱自清《桨声灯影里的秦淮河》

汪曾祺《金陵王气》　　　　余光中《金陵子弟江湖客》

上榜理由：六朝胜地

"江南佳丽地，金陵帝王州。"金陵，就是现在的南京。

历史上，先后有三国时期的孙吴，东晋和南朝时期的宋、齐、梁、陈在南京建都，史称"六朝"。

将近2500年的建城史和450多年的都城史，南京见证了中国历史上多个政权的兴衰成败，这些都赋予了这座城市深厚的历史文化底蕴，吸引着我们去追寻、去探索。

　　南京位于我国东南部的长江下游地区，东边是富饶的长江三角洲，北边连接着江淮平原，南边和西边是起伏的山地、丘陵。汹涌的长江从西向东穿过南京市区，城内还有秦淮河、玄武湖、莫愁湖等，水域纵横交错，一年四季气候宜人，自然条件得天独厚，自古以来就是江南地区有名的富庶丰饶之地。人们形容南京，经常说它"山水形胜、虎踞龙盘"。

　　山，指的是东边的钟山和西边的石头山，这两座山，就像一龙一虎，守卫着南京城。

　　传说，三国时期诸葛亮曾经出使孙吴。他来到石头山的驻马坡，登高远望，只见钟山就好像一条巨龙蜿蜒起伏于南京城（当时称作秣陵）的东南，石头山呢，好像一只猛虎，盘踞在西边的江滨。诸葛亮不禁赞叹道："钟山龙盘，石头虎踞，真乃帝王之宅也。"有人说，正是因为听了诸葛亮这句话，孙权才决定定都南京。

水，指的是秦淮河。

如果说黄河是中国的母亲河，秦淮河就是南京的母亲河，它孕育出南京古老灿烂的文化。

秦淮河是长江的支流，有东西两个源头，东边的源头出自句容市大茅山，西边的源头出自溧水区东芦山。两个源头在南京市江宁区汇合成秦淮河，流入南京城。

从南朝开始，秦淮河两岸就是繁华的商业区，特别是从东水关到西水关一段长约 5 千米（10 里）的河道，更是名流巨富、文人墨客的聚集之地，这也是"十里秦淮"的由来。

明清时期，十里秦淮达到了繁华的顶峰，两岸茶坊酒肆林立，商贾云集，熙熙攘攘。南来北往的商船日日夜夜在河上穿梭，使南京成为当时有名的经济、文化中心，甚至出现了"天下财富出于东南，而金陵为其会"的说法。

勾践修筑越城

早在新石器时代，南京地区就有人类活动的痕迹。战国初期，越王勾践击败吴王夫差后，命令大夫范蠡在秦淮河南岸修筑城郭，史称"越城"，又名"范蠡城"。

100多年后，楚威王又击败了越国，在对岸的石头山建立起金陵邑。秦始皇统一六国后，将金陵改名为秣陵，隶属会稽郡。东汉的时候又改名建业，隶属丹阳郡。

但南京真正崛起、闻名天下，还要从三国时期的孙吴开始。

● 战国至秦汉 · · · · · · · · · · · 三国时期 · · · · · · · · · 魏晋南北朝 · · · · · · · · · · ·

孙权迁都建业

229年，孙权在武昌（今湖北鄂州）登基做了皇帝，几个月后，他下令迁都建业。这是南京成为一朝都城的开始。

六朝古都的美誉

317年，西晋皇族司马睿在一些豪门氏族的支持下南迁，建立东晋，定都建康。没错，这里的"建康"还是南京。

自东晋起，到南朝的宋齐梁陈，将近300年的时间里，南京一直是中国的政治、文化中心。

南朝一共包括四个朝代，分别是刘裕建立的南朝宋，萧道成建立的南朝齐，萧衍建立的南朝梁，以及陈霸先建立的南朝陈，他们都把都城选在了南京。

文明发达之地

581 年，杨坚建立隋朝，把都城定在了今天的西安。南京慢慢地失去了它政治中心的地位，变成了一个地方性的城市。但地理上的优势，使南京的经济、文化仍然不断发展强大。

李煜深宫望月

"春花秋月何时了，往事知多少。"你肯定听过这首词，它的名字叫《虞美人·春花秋月何时了》，作者是五代十国时期南唐后主李煜，全篇抒发了一位亡国之君对往事的回忆和无穷的哀怨。南唐的首都，也是南京。

隋朝·········· **五代十国时期**·········· **明朝** ▶

朱元璋定都南京

1356 年，朱元璋攻占了南京，把南京改名为应天府，并以此为中心，逐渐统一了全国。

1368 年，明朝建立，定都南京，南京又成了全国的政治、经济和文化中心。虽然到 1421 年，明成祖朱棣迁都北京，将南京改为留都，但那时的南京仍然是世界上最大的城市之一。

新中国成立以后，南京作为江苏省的省会，迎来了新的发展机遇，成为长江中下游地区著名的现代化大都市和享誉中外的历史文化名城。

南京还有一个名字——"天下文枢"，意思是说：南京是天下文化的中心。是什么给了南京这样的底气？下面我们就一起看看。

江南贡院，超级考场

江南贡院始建于南宋，明朝的时候成为专门的乡试场所。后来规模不断扩大，鼎盛时期可同时容纳2万多名考生参加考试，开创了中国古代科举考场之最。

明清时期，全国一半以上的官员都来自江南贡院。据统计，清朝的114名状元当中，江南贡院贡献了58名。

文天祥、施耐庵、唐伯虎、吴承恩、郑板桥、吴敬梓、林则徐、曾国藩、左宗棠、李鸿章……都曾是江南贡院的考生或考官。

江南贡院

琴棋书画，锦绣文章

中国第一部诗歌理论专著《诗品》，第一部文学理论专著《文心雕龙》，魏晋笔记小说集大成之作《世说新语》，中国最早的启蒙读物《千字文》，中国历代士子科举考试必读书《昭明文选》，世人公认的中国传统画入门教材《芥子园画谱》……都诞生于南京。

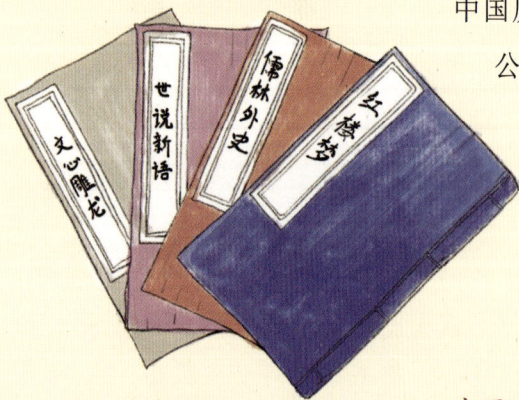

《红楼梦》《儒林外史》《梅园新村之行》《桨声灯影里的秦淮河》……这些中国文学史上的著作，全都带有鲜明的南京印记。

中国四大古典戏曲《西厢记》《桃花扇》《牡丹亭》《长生殿》，有3部都和南京有关。

乌衣巷

金陵怀古，诗意大地

南京是一座特别容易引发人们复杂情绪的城市。因为朝代更迭频繁，南京见证了太多兴衰成败，甚至腥风血雨；但因为经济发达，它又成为很多人偏安避难的场所。

李白、刘禹锡、杜牧、杜甫、王安石、李清照、李煜、苏轼……这些我们熟悉的文人墨客，有的出生在南京，有的在南京做过官，还有的则专程来一睹"帝王州"的风采，留下了数不清的动人诗篇。

"烟笼寒水月笼沙，夜泊秦淮近酒家"
"朱雀桥边野草花，乌衣巷口夕阳斜"
"六朝旧事随流水，但寒烟衰草凝绿"
……

在我国古代，每到国运衰败之际，"金陵怀古"就会成为诗人们关心政治、表达情感的常用主题。据统计，仅名为《金陵怀古》的古诗词，就有50多首（篇）。

天工开物，科技振兴

除了文学艺术，南京和科学技术同样密不可分。科学巨匠祖冲之就出生在南京，除了我们熟悉的圆周率，他撰写的《大明历》是当时世界上最科学、最先进的历法。他推算出的一个回归年的长度为 365.24281481 日，和现在的推算结果相差无几。他设计改进的水碓磨，直到今天，还在南方的很多地区使用。

浑天仪

诞生于清朝末年的金陵机器制造局，开创了中国民族工业的先河，甚至影响了中国整个近代工业的发展。而雄踞于紫金山的紫金山天文台，则是中国人自己建立的第一个现代天文学研究机构，被誉为"中国现代天文学的摇篮"。

南京的城

南京城的建造经历了从小到大的过程。历史上的冶城、越城、金陵邑，规模都很小，还称不上城市，直到孙吴在这里建都，南京才开始初具规模。据记载，吴建业城有宫城区、宫苑区、官署区、市场区和居民区，各区都相对独立。此后，宋齐梁陈基本上都延续了建业城的建制和规划。

真正让南京成为国际化大都市是在明朝。明朝初年的南京城是全国最大的城市，其中历时27年建造而成的明外城城墙超过60千米，是当时世界第一大城垣。

明朝万历年间，西方传教士利玛窦游历中国，来到南京。他曾经这样形容南京："它真正到处都是殿、庙、塔、桥，欧洲简直没有能超过它们的类似建筑。"

鸡鸣寺

南京明城墙

南京的寺庙

东晋和南朝的统治者大都推崇佛教，因此广修寺庙，南京逐渐成为当时江南的佛教中心。"南朝四百八十寺，多少楼台烟雨中"说的就是当时的盛况。

如今行走在南京，你依然可以看到"四百八十寺之首"鸡鸣寺，"中国四大名刹"之一栖霞寺，朱元璋亲自赐名的"灵谷禅寺"，以及大报恩寺、净觉寺、天界寺等。

栖霞寺

明孝陵

中山陵

梅花山

在南京雨花台区乌龟山南麓，还有一座外国帝王墓，里面埋葬的是古浡泥国（今天的文莱）的国王麻那惹加那。

南京的陵

中国古代人相信人死之后，在阴间仍然过着类似人世间的生活，所以对待死者应该"事死如生"，并由此发展出独特的陵墓文化。

位于南京祖堂山南麓的南唐二陵，是迄今为止江南地区所能见到的最大的地下宫殿。其中钦陵埋葬的是南唐开国皇帝李昪和他的皇后宋氏，顺陵则是中主李璟和皇后钟氏的合葬墓。

明孝陵是南京所有的陵墓中规模最为宏大的一座，是明太祖朱元璋和皇后马氏的合葬墓。明孝陵布局严谨、形制独特，直接影响了明清两代500余年20多座帝王陵墓的形制。

位于梅花山的蒋陵，埋葬的是三国时孙吴开国皇帝孙权，这也是南京地区第一座帝王陵。明孝陵东边的中山陵，是中国近代伟大的民主革命先行者孙中山先生的陵墓，被誉为"中国近代建筑史上第一陵"。

南京是一座历经沧桑的城市，从大约 2500 年前初建，它的名字一变再变，每一次变化，都是一段历史的见证。

金陵空壮观，天堑净波澜。 ——李白《金陵三首·其一》
潮满冶城渚，日斜征虏亭。 ——刘禹锡《金陵怀古》
虎踞龙蟠何处是，只有兴亡满目。 ——辛弃疾《念奴娇·登建康赏心亭呈史致道留守》
无情最是台城柳，依旧烟笼十里堤。 ——韦庄《台城》
楚云朝下石头城，江燕双飞瓦棺寺。 ——韩翃《送客之江宁》
春归秣陵树，人老建康城。 ——李清照《临江仙·庭院深深深几许》

上面这些古诗词中都暗含着南京的名字，你能找出来吗？你还知道南京的哪些名字？

西安

课本里的西安

《送元二使安西》唐·王维

渭城朝雨浥轻尘，客舍青青柳色新。

劝君更尽一杯酒，西出阳关无故人。

——六年级下册

《早春呈水部张十八员外》唐·韩愈

天街小雨润如酥，草色遥看近却无。

最是一年春好处，绝胜烟柳满皇都。

——六年级下册

相关名家名篇

王维《过香积寺》　　卢纶《长安春望》　　白居易《长恨歌》

杜牧《阿房宫赋》　　柳永《少年游·长安古道马迟迟》

贾平凹《西安这座城》　　陈忠实《永远的骡马市》

上榜理由：千年古都 风华绝代

　　西安，古称长安，是丝绸之路的起点，距今已有3000多年的建城史，先后有13个朝代在这里建都。

　　勤劳智慧的人民，悠久的历史，灿烂的文化，为西安留下许多传奇。了解西安，就如同了解一部中国古代历史。

西安位于关中平原的腹地，南有秦岭，北有北山，西有陇山，东有函谷关，周围环绕着灞河、浐河、潏河、滈河，再加上渭河横贯其中。这些河流不仅为西安提供了丰富的灌溉和航运资源，更起到了防御作用，自古以来就有"八水绕长安"之说。

千年古都之城

"秦中自古帝王州"，从西周开始，先后有秦、西汉、前赵、前秦、西魏、北周、隋、唐等13个朝代在这里建都。另外，王莽、汉献帝等，也在西安短暂地建过都。俗话说"五千年历史看西安"，这可不是夸张，西安的每一块秦砖汉瓦都在向我们讲述着这个古老城市的骄傲历史。

丝绸之路的起点

丝绸之路，是一条打通中西交通、促进中西贸易、增进中西友好的大道。西安，是丝绸之路的起点。商队从古时的长安出发，跨越陇山山脉，穿过河西走廊，通过玉门关和阳关，抵达新疆，沿绿洲和帕米尔高原通过中亚、西亚和北非，最终抵达非洲、欧洲。

宝藏之城　奇迹之城

　　"一座西安城，半部中华史。"西安，这座 13 朝古都，数千年来留下的历史、文化宝藏灿若星辰。

　　行走在它的地面之上，到处都是绵延千年的名胜古迹——大雁塔、小雁塔、钟楼、碑林、西安城墙、华清池……探索它的地面之下，则埋藏着数不尽的文物珍宝——半坡遗址、何家村窖藏、秦始皇陵、西汉帝陵、唐朝帝陵……这让西安成为当之无愧的"宝藏之城、奇迹之城"。

诗文闪耀之城

　　西安，自古以来就像一块巨大的磁石，吸引着才华横溢的年轻人向此奔赴。我们先把目光投向西汉。西汉史学家司马迁，以"究天人之际，通古今之变，成一家之言"的史识创作了中国第一部纪传体通史《史记》，被鲁迅誉为"史家之绝唱，无韵之离骚"。

　　时间来到唐朝，西安孕育出许多知名的诗人。如号称"七绝圣手、诗家天子"的王昌龄，唐宋八大家之一柳宗元，新乐府运动的倡导者白居易，以及韦应物、杜牧等。

　　不但如此，作为唐朝的首都和文化中心，西安会聚了来自全国各地，乃至其他国家的文人墨客。我们熟悉的李白、杜甫、孟郊、贾岛、李商隐、刘禹锡，都在西安生活过。

和很多城市一样，在不同的朝代，西安的称呼并不相同。下面我们就一起来看一看。

汉朝　关键词：长安

公元前202年，刘邦在楚汉之争中胜出，建立西汉王朝，定都洛阳。汉高祖七年，刘邦迁都长安（今西安），意为"长治久安"。

西汉的长安城，四周城墙约为26千米，是那个时代世界排名前列的大城市。城内除了宫殿，还有居民区、商业区，千门万户，繁华热闹。

汉武帝时期，张骞出使西域，开辟了丝绸之路，长安成为东方国际大都市和经济、文化交流的中心，"殊方异物，四面而至"。

西周　关键词：丰京　镐京

西周是历史上最早在西安建都的王朝。周文王，在沣水西岸营建丰京城（今西安西南），作为都城；周武王即位后，又命人在沣水东岸建立镐京，作为都城。后人习惯将二者合称为丰镐。

● 西周·········战国至秦朝········汉朝·······················唐朝······

战国至秦朝　关键词：咸阳

战国时期，秦孝公重用商鞅进行变法，使秦国跃居战国七雄之首。公元前350年，秦孝公将国都迁至咸阳（今西安和咸阳的部分地区）。秦始皇统一六国之后，继续沿用咸阳作为都城。

据记载，秦时的咸阳是当时东方最大的城市，人口超过50万。就像李商隐诗中所写："咸阳宫阙郁嵯峨，六国楼台艳绮罗。自是当时天帝醉，不关秦地有山河。"

唐朝　关键词：长安

618年，李渊称帝，建立唐朝，定都长安。唐朝建立后，对长安城进行了增修和扩建。唐太宗贞观八年（634年），营建大明宫，之后又不断修建城墙、城楼，兴建宫殿。到唐高宗永徽五年（654年），长安城的城市面积达到80多平方千米，布局规划整齐，充分展现了封建社会巅峰时期城市的宏大气魄，在中国建筑史、城市史上都具有划时代的影响。

唐朝的长安城有多繁华？大诗人杜甫在他的《忆昔二首》中曾这样形容："忆昔开元全盛日，小邑犹藏万家室。稻米流脂粟米白，公私仓廪俱丰实。"

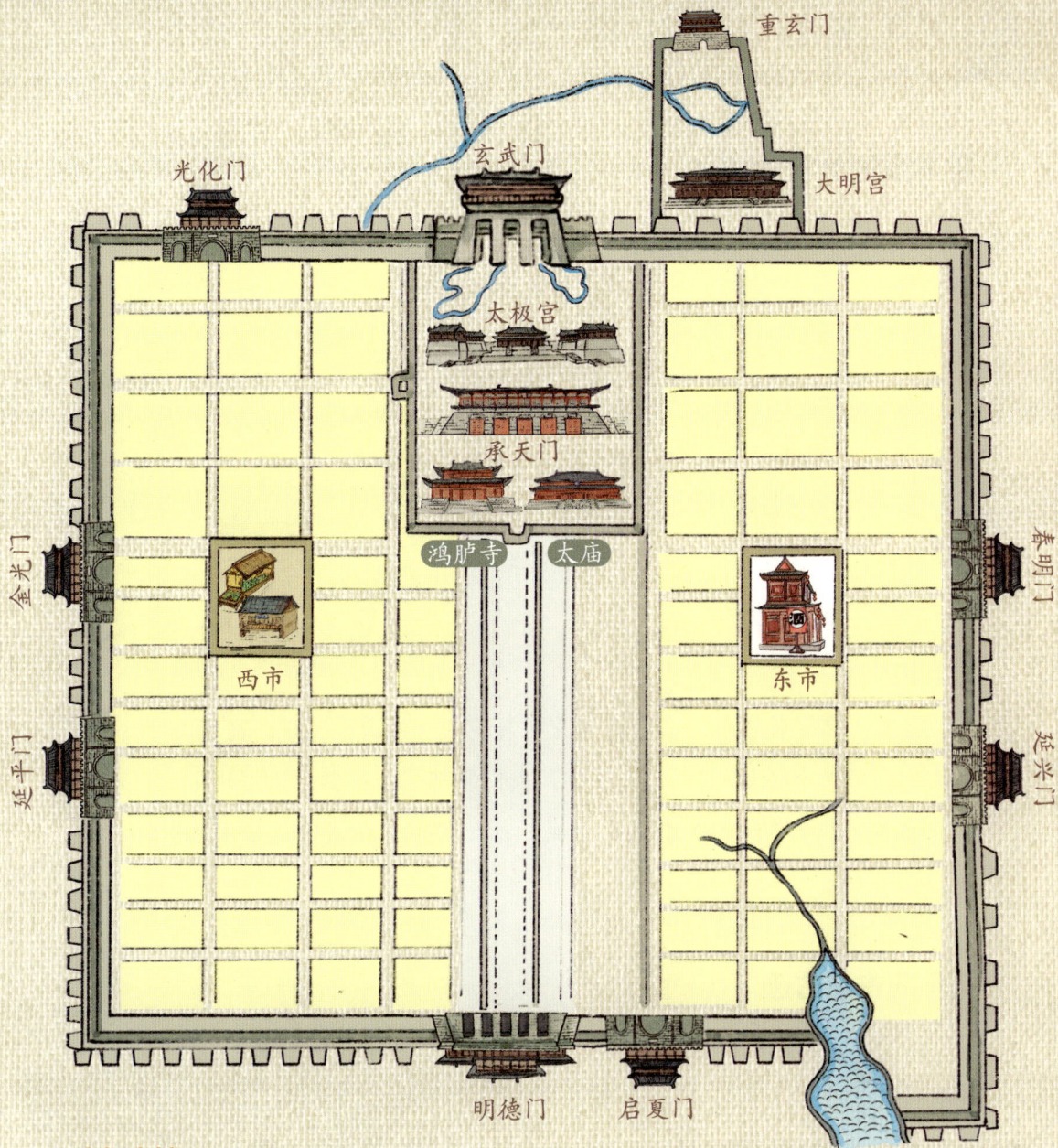

重玄门

光化门

玄武门

大明宫

太极宫

承天门

金光门

鸿胪寺　太庙

西市

东市

春明门

延平门

延兴门

明德门　启夏门

唐长安城

　　唐朝的长安城，北部中央是宫城，是皇帝、后妃居住的地方。宫城的南面是皇城，是官府衙门的所在地。最外面是外郭城，保护着宫城和皇城。城内有一条中轴线，南北有 11 条大街，东西有 14 条大街。纵横相交，把城市划分为一个棋盘格。

　　城内商业繁荣，人口达百万。城里既有老百姓和官员居住的地方，又有东市、西市这样集中进行商业贸易的地方。《长安志》就曾记载"市内货财二百二十行，四面立邸，四方珍奇，皆所积集"。

数不清的地下文物

地下文物，大多是陪葬品。西安作为 13 朝古都，埋葬了很多帝王将相，他们的陪葬品，当然也极为丰厚。那西安的地下，到底有多少国家宝藏呢？

秦始皇兵马俑

西安地下文物，第一个要提的就是秦始皇兵马俑。在已经挖掘的陶俑坑中，8000多个真人大小的陶俑，形态、面貌各异，排列有序，气势磅礴，组成了一个庞大的地下军团，护卫着秦始皇陵。

秦始皇兵马俑

何家村窖藏

何家村窖藏是在西安市南郊何家村发现的一处唐代窖藏。在两个高 65 厘米的巨瓮和一个高 30 厘米的银罐中，人们发现了金银器、玉器玛瑙、钱币和药材等千余件文物。它们都具有极高的历史价值、艺术价值和学术价值，被誉为"大唐遗宝"。

精美的古建古迹

西安古建遗址同样繁多，其中首推西安城墙。

西安城墙始建于隋开皇二年（582年），现存城墙建于明洪武年间，高 12 米，四周长约 14 千米，上面能并列行驶 6 辆马车。与古城墙相伴的还有 4 座城门，即东门长乐，西门安定，南门永宁，北门安远。城门上建有正楼、箭楼和闸楼。城墙的四角建有角楼，城墙外还有护城河。

西安城墙角楼

钟楼

鼓楼

钟鼓楼

西安鼓楼在西安市东西南北四条大街的交汇处,是我国现存最大的鼓楼,始建于明洪武十三年(1380年)。以前,鼓楼上是有鼓的,每天都击鼓报时。在鼓楼不远处,有它的"兄弟"钟楼。

大雁塔

大雁塔位于西安城南的慈恩寺内,塔身共7层,高64.7米,呈方形角锥状,是中国佛教建筑艺术的代表之一。据记载,唐玄奘取经归来,就是在大雁塔供奉梵语的佛教典籍。唐朝诗人岑参曾经赞叹大雁塔"塔势如涌出,孤高耸天宫……突兀压神州,峥嵘如鬼工"。

大雁塔

华清池

在西安临潼区城南,骊山西北麓,有一处著名的温泉——华清池。华清池是唐朝帝王游幸的别宫。《长恨歌》中唐玄宗和杨贵妃的爱情故事就发生在这里。

华清池

西安就像一座立体的博物馆。走进它，就走进了中国五千年的历史。

帝王陵墓

西安附近有很多上至西周，下至唐朝的古墓，尤其以帝王陵墓最为有名。

西安市郊散落着9座汉陵，其中以汉武帝的茂陵最为有名。茂陵保存了16件西汉的石雕，是中国迄今为止发现的时代最早、保存最为完整的大型圆雕工艺品。

茂陵石雕

除了汉陵，西安及其周边地区还有唐朝18座皇帝陵以及几百座陪葬墓，其中最著名的要数乾陵。乾陵是唐高宗李治与女皇帝武则天的合葬墓。是"唐十八陵"中保存最完整的一座皇家陵园，也是中国历史上唯一一座两个皇帝的合葬墓。

乾陵 石翁仲

宫殿遗址

"蜀山兀，阿房出。覆压三百余里，隔离天日。"阿房宫是秦朝的皇宫，被誉为"天下第一宫"。虽然它现在只剩下土台地基，但通过杜牧这篇《阿房宫赋》，仍然能感受到它的宏伟磅礴。

未央宫是西汉王朝的皇宫，也是汉朝的政治中心和国家象征。因为建造在长安城安门大街的西边，又称西宫。据考证，未央宫总面积相当于6个北京故宫呢！

未央宫

长乐宫是西汉第一座正规宫殿，取"长久快乐"之意，曾经是汉高祖刘邦的住所，与未央宫、建章宫并称为"汉三宫"。

大明宫　丹凤门

大明宫位于长安北侧，始建于唐太宗贞观八年（634年），原名永安宫，是当时世界上最辉煌的宫殿群，其建筑形制甚至影响了当时东亚地区多个国家宫殿的建设，被誉为"中国宫殿建筑的巅峰之作"。自唐高宗起，先后有17位皇帝在大明宫处理朝政。

人文遗迹

西安的人文遗迹首推碑林。始建于北宋年间的碑林，不仅是中国古代文化典籍刻石的集中地，也是历代书法艺术珍品的宝库，共收藏有书法碑、碑文、墓志、石刻等珍贵文物1万余件。

西安碑林

诗人们用优美的文字，为我们建造了一座纸上长安，时隔千年，我们仍然能感受到长安的风貌。

诗词里的西安
长安一片月，万户捣衣声。 ——李白《子夜吴歌·秋歌》
李白斗酒诗百篇，长安市上酒家眠。 ——杜甫《饮中八仙歌》
春风得意马蹄疾，一日看尽长安花。 ——孟郊《登科后》
秋风生渭水，落叶满长安。 ——贾岛《忆江上吴处士》
长安回望绣成堆，山顶千门次第开。 ——杜牧《过华清宫·其一》
长安陌上无穷树，唯有垂杨管别离。 ——刘禹锡《杨柳枝词九首·其八》

你喜欢哪些诗人？你能说出几首关于西安的古诗吗？

开封

课本里的开封

《一幅名扬中外的画》滕明道

北宋时候，有位画家叫张择端。他画了一幅名扬中外的画——《清明上河图》。这幅画长 528 厘米，高 24.8 厘米，画的是北宋都城汴梁热闹的场面。这幅画已经有八百多年的历史了，现在还完整地保存在北京的故宫博物院里。

《清明上河图》使我们看到了八百年以前的古都风貌，看到了当时普通百姓的生活场景。

——三年级下册

相关名家名篇

孟元老《东京梦华录》　　　　李白《梁园吟》　　　　高适《古大梁行》

上榜理由：除去梁园总是村

在中国历史上，曾经做过统一政权都城的城市有很多，光是"古都"，就有"六大古都""八大古都""十大古都"等好几种，但不管这个数字怎么变化，开封一直榜上有名。

从 2700 多年前建城开始，开封曾经做过 7 个王朝的首都。到了北宋时期，开封人口达到百余万，城里商铺林立、经济繁荣，成为名副其实的国际大都市。当时的开封人甚至用"曾观大海难为水，除去梁园总是村"来形容他们引以为傲的家园。

此处的"梁园"以及下文的"大梁、汴州、东京、汴京"，指的都是开封。

开封位于河南省东部，华北平原与黄河平原的交界地带。远古时期，这里地势平坦开阔，土壤丰厚肥沃，绕城而过的黄河水哺育出两岸的万顷良田，使得这里成为古老的农耕时代最富庶的地方之一。

和北方很多城市不同，古代开封周边河道水流众多，黄河、淮河、济水、泗水等水道四通八达，城内外还分布着许多湖泊，素有"水乡泽国"之称。

而开封古城的兴衰，也和水有着千丝万缕的关系。

兴——一城宋韵半城水

战国时期，魏国迁都大梁，开凿鸿沟，沟通了黄河和淮河两大水系。农业和商业得到了极大发展，大梁成为闻名各诸侯国的繁华都邑。

隋朝时，为了加强京都洛阳和江南各地的联系，开挖通济渠，而汴州正好位于通济渠的咽喉位置，在漕运中发挥了重要的作用，形成一个以汴州为中心的运河交通网。

北宋建都开封以后，统治者非常重视管理和养护以东京为中心的运河，建立了严格的运河管理和养护制度，东京成为全国水路运输的枢纽。史书记载

"半天下之财赋，并山泽之百货，悉由此路而进"。而中国的火药、印刷术、造纸术等也由此传向世界各地。

衰——满城俱成河汉

开封的发展与黄河密切相关，黄河稳则开封盛，黄河泛则开封衰。可惜的是，黄河不是一直都"稳"。

我们都知道，黄河在流淌的过程中携带了很多泥沙，而开封又处于黄河下游。黄河流到开封的时候，速度已经比较慢了，河里的泥沙开始沉淀，使得河床慢慢变高，于是，河水开始泛滥。历史上，黄河发生过多次泛滥，泛滥一次就淹没开封一次。其中，最严重的一次发生在明朝末年。一场特大洪水将开封城全城淹没。虽然后来经过重建，但开封城再也没有恢复古城的元气。

在开封柳园口附近，由于泥沙堆积，黄河的河床已经高出地面七八米，形成了地上悬河的奇观。

开封作为一个城市的确切历史，可以追溯到春秋时期。当时，位于郑国东边的开封因为地处平原地带，成为兵家必争之地。为防御外敌，郑国国君郑庄公命人在此地修筑城池，取"启拓封疆"，即开疆拓土之意，命名为"启封"。西汉时，为了避汉景帝刘启的名讳，改"启"为"开"，这是"开封"这个名字第一次出现在历史当中。

都城之始

战国时期，魏国国君魏惠王把都城迁到开封，并在那里开凿鸿沟，建筑大梁城，这也是开封成为一国之都的开始。

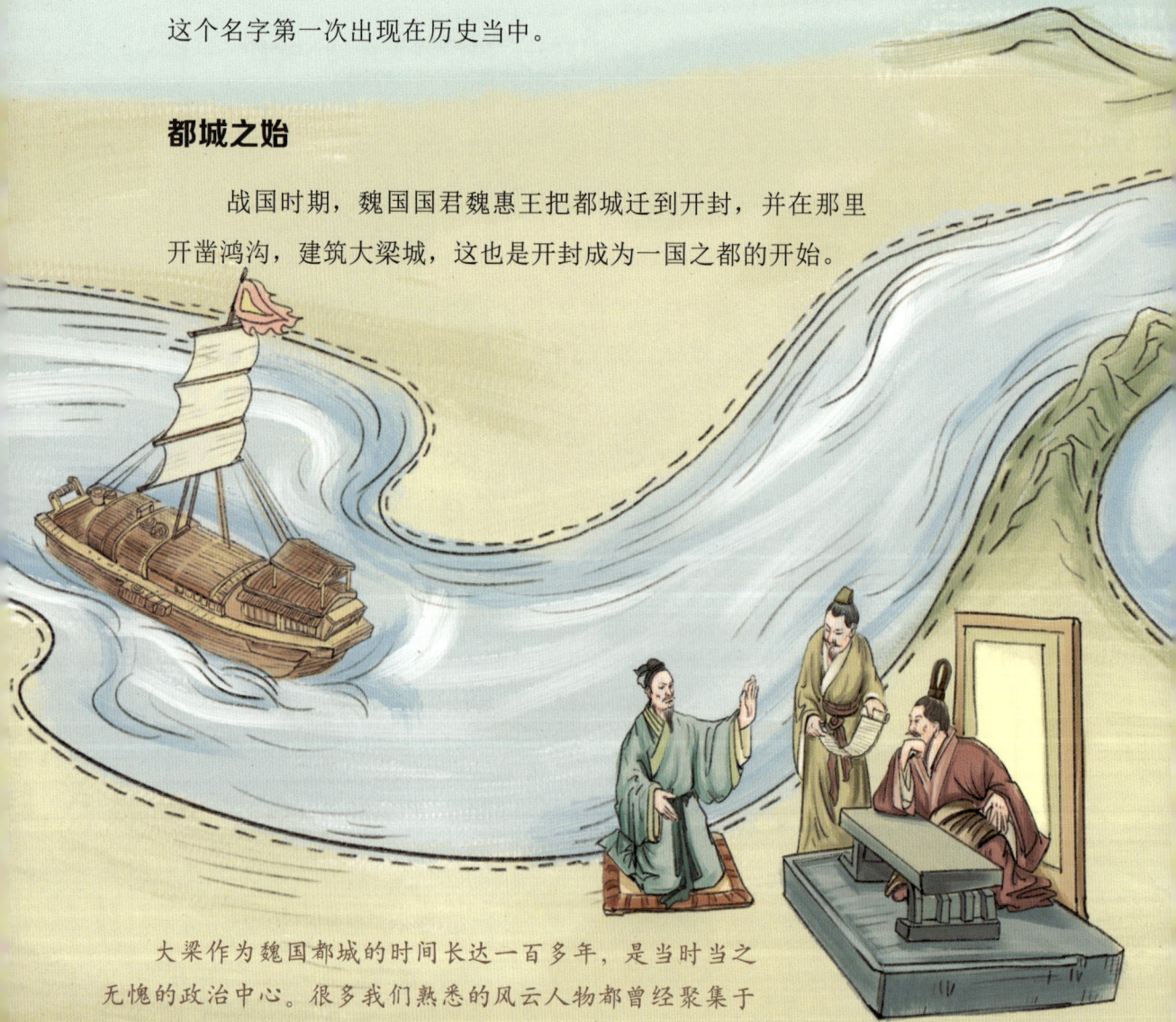

大梁作为魏国都城的时间长达一百多年，是当时当之无愧的政治中心。很多我们熟悉的风云人物都曾经聚集于大梁城，例如孟子、苏秦、张仪、信陵君、孟尝君等。

秦统一六国后，实行郡县制。开封作为战败国的国都被降为浚仪县，再加上水患和战火，开封渐渐失去了往日的繁华。

水陆之都

　　隋炀帝开凿了大运河，使其成为贯通我国南北的交通大动脉。开封位于运河要冲，"北通涿郡之渔商，南运江都之转输"，交通地位日益显著，很快便成为全国闻名的水陆大都会。

东京梦华

　　960 年，后周大将赵匡胤在开封城北的陈桥驿发动兵变，建立北宋王朝，并定都开封，掀开了开封在中国古代都城史上最光辉灿烂的一页。

　　北宋时期的开封有多繁荣？《东京梦华录》记载："雕车竞驻于天街，宝马争驰于御路，金翠耀目，罗绮飘香。新声巧笑于柳陌花衢，按管调弦于茶坊酒肆。八荒争凑，万国咸通。集四海之珍奇，皆归市易，会寰区之异味，悉在庖厨。"如果你觉得这段文字难以理解，去看看《清明上河图》吧，这幅画描绘的就是北宋时期的开封城。

和很多古都一样，悠久的历史赋予了开封厚重的文化底蕴。

名著里的开封

四大古典名著之一《水浒传》和
开封渊源最深，人们形容这部作品"起
于开封，收于开封"。小说开篇描述
的就是开封城的繁华景象。我们熟悉
的"鲁智深倒拔垂杨柳""林冲误入
白虎堂""杨志卖刀"等经典情节，
都发生在开封。

鲁智深倒拔垂杨柳

诗词里的开封

作为 7 朝古都，开封自然也吸引了很多文人墨客。

这些人里面首推阮籍。阮籍是土生土长的开封人，面对自己的故乡，他
留下了这样的慨叹："箫管有遗音，梁王安在哉？"

李白、杜甫、高适也曾在开封相聚，三人携手游遍整座城市，饮酒作诗，
留下了《梁园吟》《古大梁行》《侠客行》等千古名篇。

来自福建的柳永初到开封，看到满眼
繁华，忍不住高歌："霁色荣
光，望中似睹，蓬莱清浅。"

关于李白、杜甫、高适
开封相会，历史学家郭沫若
曾经说，这场会面是中国文
化史上继老子与孔子后，最
伟大的一场会面。

李白、杜甫、高适相聚开封

绘画里的开封

提起绘画里的开封，最有名的一定是张择端的《清明上河图》，正是通过这幅图，我们才看到了开封城的繁华昌盛。

其实，开封还有一种画闻名天下，就是朱仙镇木版年画。它造型古朴、线条粗犷、色彩艳丽，被称为中国木版年画的鼻祖。

朱仙镇木版年画

成语典故里的开封

你知道吗，开封还是我国第一个"成语典故名城"呢！我们熟悉的南辕北辙、围魏救赵、黄袍加身、铁面无私、开卷有益、明珠暗投……这些成语典故都和开封有关。

包拯

戏文里的开封

作为著名的戏曲之乡，开封的戏曲文化源远流长。

"包龙图打坐在开封府""有许多女英雄，也把功劳建，为国杀敌是代代出英贤，这女子们哪一点不如儿男！"……

京剧《铡美案》，豫剧《花木兰》，很多人就是这样从戏文中认识了开封。

天波杨府

杨家是北宋时期著名的军事家族，为保家卫国立下了不朽功勋。天波杨府就是当时杨家的府邸，因为位于当时的天波门而得名。

天波杨府

清明上河园

今天，我们虽然无缘得见《清明上河图》里的繁华，但去清明上河园不失为一个弥补遗憾的方法。这座大型历史主题文化公园，就是以《清明上河图》为蓝本建造的。

宋都御街

清明上河园

开封府

开封府

北宋历史上共有 183 任开封府尹，但大家最熟悉的就是包拯。开封府是当时包拯办公的府衙。在它的西边，就是后人为纪念包拯而修建的包公祠。

宋都御街

御街是北宋时期东京城的一条通关大道，长逾 4 千米，宽约 200 米，是当时皇帝祭祖和出宫游幸往返经过的主要道路，所以称为御街。如今的宋都御街是 1988 年复建的。

大相国寺

　　大相国寺是中国著名的佛教寺院，相传为战国时期魏国公子信陵君的故宅。鲁智深倒拔垂杨柳的故事，就发生在大相国寺。

开封城墙

　　开封城墙是中国现存仅次于南京城墙的第二大古代城垣建筑，也是开封"城摞城"的见证之一。如今，在开封城墙之下还叠压着5层古城墙。

○ 开封城墙

○ 大相国寺

开封铁塔

　　开封铁塔始建于1049年，已经将近1000岁了。历史上，因为黄河泛滥决堤，开封城好几次被大水淹没，但铁塔却始终巍然屹立，被誉为"天下第一塔"。

开封铁塔 ●

禹王台 ●

禹王台

　　禹王台又叫古吹台，因春秋时期大音乐家师旷曾在此吹奏乐曲而得名。当年，李白、杜甫、高适三人就是在这里慷慨怀古、饮酒赋诗的。

41

开封有一句谚语："开封城，城摞城，地下埋着几座城。"历史上的开封，因为黄河决堤，曾数次被河水淹没，形成了"城叠城、城摞城"的奇特景观。考古发现，在如今开封地下3～12米的地方，还沉睡着5座不同朝代的古城。

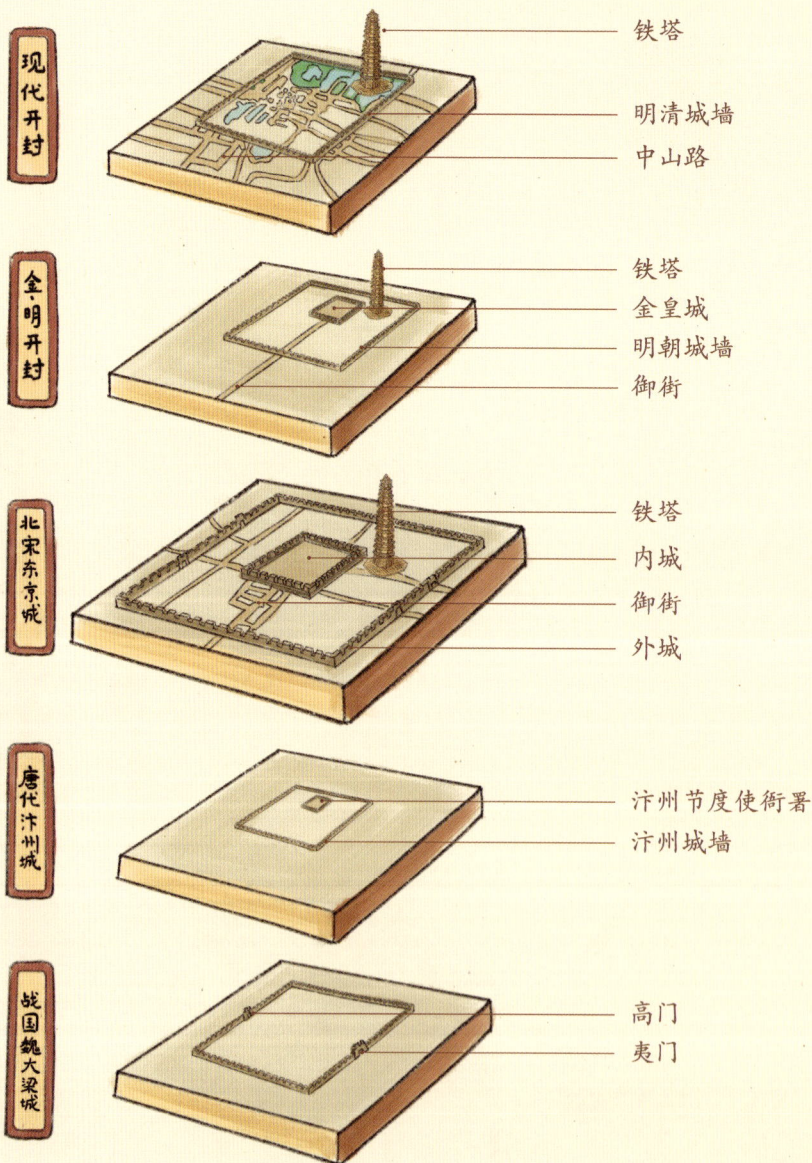

现代开封
- 铁塔
- 明清城墙
- 中山路

金、明开封
- 铁塔
- 金皇城
- 明朝城墙
- 御街

北宋东京城
- 铁塔
- 内城
- 御街
- 外城

唐代汴州城
- 汴州节度使衙署
- 汴州城墙

战国魏大梁城
- 高门
- 夷门

开封"城摞城"示意图

杭州

课本里的杭州

《饮湖上初晴后雨》北宋·苏轼

水光潋滟晴方好，山色空蒙雨亦奇。

欲把西湖比西子，淡妆浓抹总相宜。

——三年级上册

相关名家名篇

白居易《钱塘湖春行》　　　　　陆游《临安春雨初霁》

杨万里《晓出净慈寺送林子方》　关汉卿《一枝花·杭州景》

琦君《西湖忆旧》　　　　　　　艾青《忆杭州》

林语堂《春日游杭记》　　　　　郁达夫《半日的游程》

上榜理由：东南形胜 三吴都会

"东南形胜，三吴都会，钱塘自古繁华。"北宋词人柳永这首著名的《望海潮·东南形胜》，写的就是杭州。

杭州，古称临安，是中国7大古都之一，从唐朝起就享有"东南名郡"的美誉。1138年，南宋定都杭州，杭州成为当时的政治、经济、文化中心。这里山奇水秀、风景明丽，再加上丰厚的文化积淀，古往今来吸引了无数人在这里驻足、游览。直到今天，杭州仍然是许多人心目中的"人间天堂"。

人们形容杭州：面海而建，临江而居，以溪为临，因湖河而兴盛。

海是东海，江是钱塘江，溪是西溪湿地，湖是西湖，河是大运河。正是因为有了这"五水"，才有了杭州城的繁荣和兴盛。

"五水"之中，钱塘江是杭州的"母亲河"。它围绕着杭州城，蜿蜒而过，孕育了良渚文化、南宋文化和西湖文化。

俗话说"流成的杭州，漂来的北京"。605年，隋炀帝下令开凿以洛阳城为中心，贯穿南北的大运河。大运河的终点，就落在了杭州，从而改变了杭州城的命运。

在京杭大运河开凿之前，杭州只是一个居住着1万多户人家的小城镇。京杭大运河开通以后，杭州迅速成为"有海陆之饶，珍异所聚，故商贾并凑"的大郡。到唐朝贞观年间，杭州城居民已达10万余户，出现了"灯火家家市，笙歌处处楼"的繁盛景象。

杭州位于钱塘江的入海口，面向东海，两岸山列屏障，所以人们形容杭州"水居江海之会，陆介两浙之间"，兼得山水之利。

杭州有三西：西湖、西泠、西溪湿地。

西湖是杭州的名片，可以说，杭州这座城市就是围绕着西湖发展起来的。《史记·始皇本纪》记载，当时的杭州地区自然环境非常恶劣，人烟稀少。直到隋朝，杭州才开始有城墙，附近的自然环境也在慢慢改善。唐朝时期，李泌修建六井，通过河水稀释淡化苦咸的西湖水来灌溉周边农田，使杭州逐渐发展为人口密集的城市。

西泠位于西湖景区内，近代民主革命家秋瑾的墓地就在此处。附近的西泠印社，创建于清光绪三十年（1904 年），是海内外研究金石篆刻历史最悠久、成就最高、影响最广泛的民间艺术团体，素有"天下第一名社"之美誉。

西溪湿地位于杭州西北部，距离西湖约 5 千米。湿地里河流广布，水道蜿蜒，还有沼泽、池塘、河港，形成了西溪独特的湿地景致，也为野生动物提供了良好的栖息环境，素有"杭州之肾"和"副西湖"的美誉。

江、河、湖、溪，这是大自然对杭州的厚爱，造就了杭州这座"世界上最美丽华贵之天城"。

秦朝时西湖还没有形成，只是一个浅浅的海湾，入口处耸立着两座小山。后来，钱塘江和大海带来的泥沙不断堆积，在这两座小山之间沉淀成沙丘，并慢慢连成一体，隔出了一个小小的水域，这就是西湖。

良渚玉琮

新石器时期

　　作为长江流域著名的古都，杭州的文明可以追溯到新石器时代。

　　5000 多年前的良渚人就生活在今天杭州市的余杭区。他们在那儿修筑古城，兴建水坝，制作玉器、陶器，创造了"迄今为止所能追溯到的中华第一古国"——良渚文明。

秦朝

秦始皇

　　秦始皇统一六国之后，东巡来到钱塘江，在此处设立钱唐县，这就是杭州城的前身。

● 新石器时期·············· 上古时期 ·············· 秦朝·····

上古时期

　　大禹治水的时候来到杭州，在这里舍杭（杭，指的是方舟）登陆，于是人们就把大禹登陆的地方称为"禹杭"，后来又改为"余杭"。

　　"余杭"这个名字在春秋时期已经见诸史书，当时的余杭属吴、越领地；到了战国中期，则成为楚国的领土。

大禹治水

李泌修建蓄水井

五代十国

五代十国时期，位于东南的吴越国把都城定在杭州。这是杭州第一次成为一个国家政权的都城。

吴越王钱镠

隋唐

隋朝开皇年间，在钱塘江畔的凤凰山下依山筑城，因为州治设在余杭，因此取名为杭州。这是"杭州"这个名字第一次出现在历史中。

唐朝，杭州刺史李泌修建蓄水井，将西湖的淡水引入杭州城，供养了千家万户的生活。特别是随着京杭大运河的开通，作为大运河江南起点的杭州迅速发展起来，经济发达，文化兴盛，出现了"骈樯二十里，开肆三万室"的盛况。

隋唐 ‥‥‥ 五代十国 ‥‥‥ 宋朝 ▶

宋朝

北宋末年，金朝南下攻取北宋首都东京，俘虏了徽钦二帝，康王赵构一路南逃，最终在杭州安定下来，建立南宋，并升杭州为临安府，定其为南宋的都城。

临安城墙

宋室南迁，大批北方人口涌入临安，临安城顺势扩张，在原来内城的基础上建起外城。全长4000多米的御街，从南到北横穿整个临安城，御街两旁聚集了上万家商铺，临安城迎来了"东南形胜，三吴都会"的华彩时刻。

文化杭州——诗人

白居易、元稹、 柳永、王安石、苏东坡、杨万里、周邦彦……从古到今，大批文人墨客聚集杭州，留下了数不尽的诗词曲赋。

但如果从中选出两位"杭州诗词代言人"，非白居易和苏东坡莫属。

最爱杭州白居易

"江南忆，最忆是杭州。"

822 年，白居易被任命为杭州刺史，从此和杭州结下了不解之缘。在从京城前往杭州赴任的路上，白居易挥笔写下《夜泊旅望》和《舟中晚起》，诗中充满了对即将到达杭州的期盼和喜悦之情。

在杭州的三年任期中，白居易不但认真履行着他作为地方父母官的职责，疏通城中李泌六井，解决百姓饮水问题；修筑西湖堤坝蓄水，灌溉周围千顷良田，他还不遗余力"宣扬杭州"，前前后后留下了数十首（篇）关于杭州的诗文。

直到离开杭州十几年后，白居易还在自己的《忆江南三首》中慨叹"江南忆，最忆是杭州"，表达着自己对杭州的眷恋。

白堤原名白沙堤，就是白居易在《钱塘湖春行》中写到的"最爱湖东行不足，绿杨阴里白沙堤"里的"白沙堤"。后来，百姓们为了纪念白居易，便把"白沙堤"称作"白堤"。

牵绊一生苏东坡

在白居易离任后 240 多年，杭州迎来了苏东坡。

苏东坡曾两次在杭州为官，第一次是 34 岁，担任杭州通判。

杭州的山水美景一直是苏东坡所向往的，恰巧他任职的杭州府衙就在紧靠西湖的凤凰山麓。于是，天气好的时候，苏东坡甚至把自己的"办公桌"搬到湖边，一边欣赏美景，一边处理公务。我们熟悉的《饮湖上初晴后雨》就是这个时候写的。这次，苏东坡在杭州待了 3 年。

因为太爱杭州了，18 年后，苏东坡主动请求外放，又一次来到杭州，担任杭州知州。然而，当他来到日思夜想的西湖时，却只看到了一片荒芜。原来，由于疏于治理，西湖一大半的面积都被水草吞没了，到处都是沼泽。照此下去，20 年后，西湖将不复存在。

苏东坡立即上书朝廷，发动数万工人挖淤泥、除葑草，疏浚西湖。他命人将挖出的淤泥筑成一道纵贯南北的长堤，既可以防止风浪，又缩短了游湖的距离。长堤修筑好，他又命人在长堤两岸种植了芙蓉和杨柳，利用树根巩固堤岸，还修建了 9 座凉亭，便于行人歇脚。

西湖在苏东坡的治理下重新焕发了生机，但他的任期很快就到了。1091 年，苏东坡离开了杭州，再也没有回来。

苏东坡离任后，他的接任者将那道长堤命名为"苏公堤"，也就是我们今天看到的"苏堤"。

文化杭州——传说

　　我国很多地方都有属于自己的民间传说，但要论起哪个地方的传说最多，杭州肯定榜上有名。这些传说中，有山水，有名胜，有古迹，也有人物。下面，我们就来看一看你听过其中的哪些吧。

白蛇传

　　《白蛇传》被誉为中国四大民间传说之一，讲述了白娘子和许仙的爱情故事，在中国可以说是家喻户晓，至今已经流传了上千年。

　　"同游西湖""断桥相会""水漫金山寺""被压雷峰塔"……一段段精彩的故事，为杭州这座城市披上了一层神秘而浪漫的色彩，以至于人们一提起《白蛇传》，首先想到的就是杭州。

济公与飞来峰

　　飞来峰又叫灵鹫峰，位于灵隐寺对面。为什么取这么一个名字？这是因为在传说中，飞来峰真的是"飞来"的。

　　从前有一座山，喜欢飞来飞去。本来这也没什么，天下大得很，它也没造成什么伤害。可有一天，不知为什么，这座山竟然朝杭州城飞了过去。

　　杭州城的灵隐寺有一个疯和尚，

名叫济颠，神通广大。这天他掐指一算，午时三刻，这座山就会落在灵隐寺前的村子里。

村子里可有好几百口人呢，怎么办？

这时，济颠突然看见村里一户人家正在娶媳妇。他眼珠一转，冲过去背起新娘子就跑。这还得了？于是，人们抄起家伙就追了上去。

济颠背着新娘子，从村头跑到村尾，又从村尾跑到田边，全村人都追来了。济颠跑呀跑呀，跑到灵隐寺前头，把新娘子往地上一放。就在这时，天黑了下来。人们抬头一看，一座大山不偏不倚，落在了村子上。

大伙儿这才知道，济颠救了大家。

可这山要是再飞呢？于是，济颠让村民们凿了五百个罗汉放在山前。有五百罗汉陪着，这座山再也不想飞了，老老实实地留在了灵隐寺前，它就是飞来峰。

钱王射潮

传说，钱塘江里住着一位潮神，经常兴风作浪，致使潮水泛滥。钱塘江两边的堤坝，总是这边修好了，那边又被冲塌了，百姓苦不堪言。

当时的吴越国王名叫钱镠，勇猛无比，大伙儿都叫他钱王。

这一年八月十八，正是潮水最大的时候，钱王命令一万名弓弩手守在江边。等潮水涌过来，钱王张弓搭箭，带头朝着潮头射了过去。一时间，万箭齐发，潮头再也不敢向前了，只好弯弯曲曲向西南方向逃去，消失得无影无踪。

你还知道哪些关于杭州的民间传说，讲给我们听听吧。

51

不仅古代的文人墨客喜欢游杭州、写杭州，很多现代的文人作家，也留下了许多关于杭州的诗篇美文。

名家笔下的杭州

杭州这个地方，实堪称为佛地，因为寺庙之多约有两千余所，可想杭州佛法之盛了。

——李叔同《我在西湖出家的经过》

我以为世界上更没有一处比西湖再美丽、再沉静、再可爱的地方。

——郁达夫《杭州往事》

南屏晚钟，宜隔湖听之，夕阳既下，雷峰与保俶两塔，倒影波心，残霞断霭，映水如绘。

——张恨水《湖山怀旧录》

到西湖时，微雨。拣定一间房间，凭窗远眺，内湖、孤山、长堤、保俶塔、游艇、行人，都一一如画。

——林语堂《春日游杭记》

课本里的扬州

《扬州茶馆》朱自清

扬州最著名的是茶馆，早上去下午去都是满满的。

扬州茶馆吃的花样最多。坐定了沏上茶，便有卖零碎的来兜揽，手臂上挽着一个黯淡的柳条筐，筐子里摆满了一些小蒲包，分放着瓜子花生炒盐豆之类。又有炒白果的，在担子上的铁锅里爆着白果，一片铲子的声音。炒得壳子爆了，露出黄亮的仁儿，铲在铁丝罩里送过来，又热又香。

——四年级上册

相关名家名篇

李白《酬崔侍御》   朱自清《扬州的夏日》

苏轼《江城子·墨云拖雨过西楼》   丰子恺《扬州梦》

姜夔《扬州慢·淮左名都》   郁达夫《扬州旧梦寄语堂》

上榜理由：淮左名都 竹西佳处

"淮左名都，竹西佳处"，这是南宋词人姜夔《扬州慢·淮左名都》中的名句，写的就是扬州。扬州城始建于周朝，拥有约2500多年的建城史，其间经历了汉、唐、清三朝鼎盛，浓缩了由汉至清的文化历史。

扬州是中国首批24座历史文化名城之一，京杭大运河流经扬州，也带给这座古老的城市无上的繁荣。

　　和很多古老城市一样，在漫长的历史中，扬州曾多次改名，春秋时期称为"邗城"，秦汉时期改为"广陵""江都"。直到唐朝，才正式称为扬州，并一直沿用至今。

　　"扬州"这个称呼，最早见于战国时期的地理著作《尚书·禹贡》。书中记载，当时天下分为九州，扬州是其中之一。不过，那个时候扬州的地理范围要大得多，包括现在的淮河以南，江苏、浙江及福建的部分或全部地区。

　　直到隋朝，今天扬州的范围才开始确定下来。它地处江淮平原南部、长江三角洲北翼，长江在其南，淮河在其北，古老的京杭大运河穿城而过，为扬州带来了数百年的繁荣。

　　可以毫不夸张地说，扬州就是一座与大运河共生共长的城市。城依水，水靠城，相依相伴了 2500 多年。

　　人们形容扬州城是大运河的"原点城市"。大运河的前身古邗沟，就是以扬州为中心开挖的。

　　扬州古运河是整个京杭大运河中最古老的一段，可以追溯到约 2500 年前的古邗沟。最让人感到不可思议的是，多年来，和其他河段的运河相比，扬州古运河的流淌范围都没有发生太大的改变。它和古邗沟的流经线路大部分都能吻合，和隋唐大运河更是完全契合。这使得扬州古运河成为大运河历史上使用时间最长的河段，也为扬州城的繁荣创造了有利条件。

　　如今，走在扬州城内，我们依然能够看到大运河给这座城市留下的痕迹，包括春秋、两晋、隋唐、明清各个历史时期运河的重要河道遗存，以及古港口、渡口、湖泊、园林、古建筑……

　　正如国学大师钱穆先生说的："扬州一地之兴衰，可以觇国运。"数千年来，扬州兴盛于汉、鼎盛于唐、繁盛于清的背后，总是映衬出疆域广阔、经贸频繁、文化交融的恢宏底色。

历史上的扬州并不总是繁荣，它也曾屡经战火。但每一次灾难过后，扬州都能浴火重生，并且变得更加繁荣。

民工开凿邗沟

春秋

扬州的建城史可以追溯到约 2500 年前。公元前 486 年，吴王夫差命人开凿邗沟，连接长江和淮河，并在河口修筑邗城，这就是扬州的雏形。

● 春秋···西汉··隋朝··············

西汉

西汉时期，分封宗室，刘濞被封为吴王，定都扬州（当时称广陵）。当时的广陵，"东有盐海之饶，章山之铜，三江五湖之利"。借助近山临海之利，刘濞兴修水利，开挖盐河，种稻栽桑，开启了扬州第一个繁盛时期。

隋朝

隋朝建立后，为了把江南的财赋运送到关中地区，隋炀帝命人开凿了南至杭州、北到涿郡的隋唐大运河。作为大运河和长江边上的中心城市，扬州一跃成为中国最繁荣的地区之一。

制盐场景图

隋炀帝下令开凿大运河

繁忙的扬州码头

唐朝

进入唐朝，中国的经济中心开始南移，扬州作为南北转运枢纽，一跃成为唐朝除了长安城之外的第一繁华都市。城内商贾云集、交易兴盛。对此，《旧唐书》这样描述："江淮之间，广陵（扬州）大镇，富甲天下。"

清朝

然而，就在清军入关不久，扬州迎来了一次灭顶之灾。清军进军江南，来到扬州。明朝的兵部尚书史可法率领扬州军民拼死抵抗，但最终失败，扬州陷落，清军在城中屠戮杀掠。拥有数百年繁华的扬州城"积尸如乱麻，血入水碧赭，塘为之平"，史称"扬州十日"。

清军入关

唐朝 ············ 宋明 ············ 清朝 ►

宋明

从两宋时期到明末清初，虽然经历了不少战乱，但因为坐拥漕运、盐业、水运等便利条件，扬州依然是当时最繁华的都市之一。

当时人形容扬州，"四方豪商大贾，鳞集麇至。侨寄户居者，不下数十万"。

漕运，指的是利用水道运送粮食的一种运输方式。不过，大运河可不止运粮食，丝绸、茶叶、瓷器、食盐等物资，都是通过大运河运送到世界各地的。

大运河上的漕船

纵观扬州城的历史，可以说是绝无仅有的。它从来没做过大一统王朝的首都，却因其独特的地理位置，凭借航运枢纽的身份贯穿了中国古代2500多年的历史。

历史上的扬州，商业贸易兴旺发达，南来北往的文人、商贾云集在此，带来了不同的文化、观念，再加上当地的传统、习俗，共同构成了丰富多彩的扬州文化。

诗词

唐宋时期的扬州城富甲天下，吸引了数不清的文人墨客，所谓"天下文士，半集维扬"。我们现在读到的关于扬州的古诗词，大多出自唐宋文人笔下。

绘画

清朝康熙、乾隆年间，扬州画坛进入鼎盛时期，一大批书画家会集于此，形成了著名的"扬州画派"，其中的代表人物就是"扬州八怪"。

他们的作品，注重艺术个性，求新求变，画面感情浓烈，对后世画家产生了重要影响。

饮食

扬州是典型的江南鱼米之乡，物产丰盛，人民生活富足，对饮食当然就很讲究了。早在1600多年前，扬州菜就已经初具雏形。到了明清时期，扬州菜进一步发展，形成了独特的风格，有烫干丝、扬州包子、翡翠烧卖、千层油糕等美食，而"扬州狮子头"和"扬州炒饭"，更是走出国门，成为中华饮食的代表。

戏曲

扬州的戏曲同样吸引人，其中最有名的就是扬剧。

它是以古老的"花鼓戏"和"香火戏"为基础，又吸收了扬州清曲、民歌小调发展起来的，距今已有 100 多年的历史。

园林建筑

苏州园林甲天下。但你知道吗？在清朝乾隆、嘉庆年间，甲天下的是扬州园林。当时的扬州商人富甲天下，他们花费巨大的财力来建造园林。鼎盛时期，扬州城内的私家园林达到了 200 多处。因为地处南北中心，扬州园林既有北方园林的金碧辉煌、高大壮丽，又有江南园林的曲径幽深，淡然雅致。

音乐

《广陵散》相信很多人都听说过，它是我国音乐史上著名的十大古琴曲之一。我们知道，"广陵"就是扬州的古称，《广陵散》就是一首流行于古代广陵地区的琴曲。

"竹林七贤"之一嵇康，最擅长弹奏《广陵散》。

59

作为"中国运河第一城"，沿着运河游扬州，绝对是个不错的选择。

盐宗庙

扬州的繁盛离不开盐业。所谓"吴盐胜雪"，江淮一带自古盛产盐，洁白如雪，是盐里的上品。盐商们借助运河，把食盐运往全国各地，赚得盆满钵满，个个腰缠万贯。为此，这些盐商专门出资修建了"盐宗庙"，用于供奉盐业始祖，举行祭祀礼仪。

个园

扬州园林甲天下，个园就是代表之一。它是清朝盐商黄至筠的私家园林，最大的特点就是"四季假山"的构想。在面积不足 50 亩的园子里，开辟了 4 个假山区，分别以春、夏、秋、冬命名，被称为中国园林的"孤例"。

驿站是古时候传递公文、飞报军情，或者接待过往使臣官员，为他们提供休息、住宿、更换马匹的场所。

大明寺

大明寺始建于南朝，是扬州有名的寺庙，但比寺庙更出名的是它曾经的住持——鉴真法师。鉴真法师曾六次东渡日本，弘扬佛法。当时，他就曾从大运河出发，踏上东渡旅途。

孟城驿

孟城驿是扬州段大运河上一个重要的驿站，也是目前中国规模最大、保存最完好的水陆两用驿站。

杜牧笔下的"二十四桥"就位于瘦西湖景区内。

瘦西湖

"不到瘦西湖，不算来扬州。"瘦西湖是扬州城雍容华贵的象征，它其实并不是一个湖，而是一座园林景区，由山、湖、楼台、桥梁、花草、垂柳构成，自古以来就是游玩赏景的好去处。

御码头是青石所制，上有乾隆皇帝手书"御马头"三个大字。你没看错，这是乾隆皇帝觉得自己是天子，脚下不能有石头，万一绊倒了怎么办？太不吉利了。所以就变成了"御马头"。

扬州御码头

清朝，康熙皇帝和乾隆皇帝曾数次"下江南"，每一次都是走京杭大运河。御码头就是当年乾隆皇帝游览扬州，登船上岸的地方。

历史上的扬州到底有多繁华？古人的诗词已经告诉我们了。

诗词里的扬州

故人西辞黄鹤楼，烟花三月下扬州。
——李白《送孟浩然之广陵》

天下三分明月夜，二分无赖是扬州。
——徐凝《忆扬州》

暖日凝花柳，春风散管弦。
——姚合《扬州春词》

二十四桥明月夜，玉人何处教吹箫。
——杜牧《寄扬州韩绰判官》

淮左名都，竹西佳处。
——姜夔《扬州慢·淮左名都》

画舫乘春破晓烟，满城丝管拂榆钱。
——郑板桥《扬州·其一》

夜市千灯照碧云，高楼红袖客纷纷。
——王建《夜看扬州市》

你还知道哪些描写扬州的古诗词？一并写下来吧。

武汉

课本里的武汉

《渡荆门送别》唐·李白

渡远荆门外，来从楚国游。

山随平野尽，江入大荒流。

月下飞天镜，云生结海楼。

仍怜故乡水，万里送行舟。

——八年级上册

相关名家名篇

崔颢《黄鹤楼》　　　　　　李白《与史郎中钦听黄鹤楼上吹笛》

陆游《武昌感事》　　　　　黄庭坚《鄂州南楼书事》

毛泽东《水调歌头·游泳》　董必武《闻长江大桥成喜赋》

上榜理由：九省通衢

　　武汉简称"汉"，是湖北省省会，也是长江中游地区最大的水陆空交通枢纽。长江和汉江在城中交汇，将整个武汉城区分隔成武昌、汉口和汉阳三镇。

　　古时候，从武汉沿着长江水道行进，可以西上巴蜀，东下苏杭，向北可以进出中原，到达豫陕，向南则通往湘桂，四通八达，交通便利。所以，自古以来人们说起武汉，都形容它是"九省通衢"。

　　唐朝大诗人李白路过武汉时，曾经写下"黄鹤楼中吹玉笛，江城五月落梅花"的诗句，因此也让武汉有了"江城"的美誉。

大武汉

人们形容武汉，总爱说它是"大武汉"。确实，武汉的"大"是出了名的。

汉口

武汉三镇中，汉口面积最大、人口最多。当地有一句俗话，"紧走慢走，一天走不出汉口"，足以证明汉口的"大"。

在武汉三镇中，汉口是最晚出现的，只有 500 多年的历史。明朝成化年间，汉水从原来的由龟山南边注入长江，改道为从龟山北边的集家嘴注入长江，形成了一片低洼地带，这就是汉口。

汉阳

汉阳是武汉这座城市的起源地，早在 5 万年前，就有人类生活的痕迹，因位于古汉水之北而得名。我们熟悉的"高山流水"的典故，就发生在汉阳。

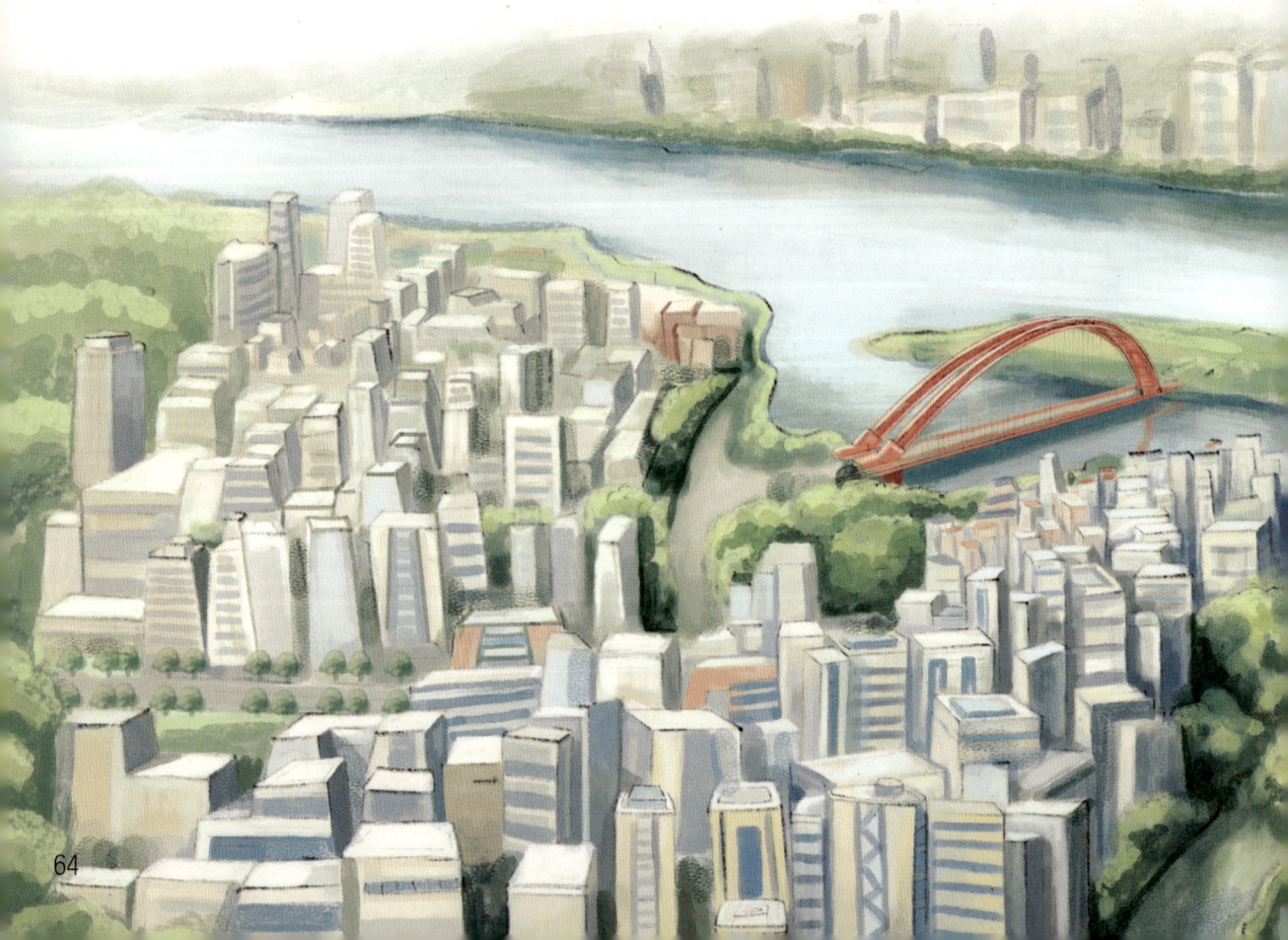

汉阳还是中国近代工业文明的发源地之一，汉阳铁厂、汉阳兵工厂等，在中国近代工业史上都占有重要地位。赫赫有名的"汉阳造步枪"，就是由汉阳兵工厂生产的。

武昌

武昌位于长江南岸，与汉口、汉阳隔江相对。公元 221 年，吴主孙权把都城从建业迁到鄂州，并改鄂州为"武昌"，取"以武治国而昌"的意思，这就是武昌名字的由来。

武昌依山傍水，具有悠久的历史文化，被称为 "天下江山第一楼"的黄鹤楼就位于武昌。武昌也是我国高校集中的地方，拥有武汉大学、华中科技大学、武汉理工大学、中国地质大学等几十所高等学府。

你知道吗？其实"武汉"这个名字至今才有不到 100 年的历史。

1927 年，当时的国民政府决定将武昌、汉口、汉阳合并为"京兆区"，定名为"武汉"。

盘龙城遗址

商朝

1954 年，人们在武汉市黄陂区的盘龙湖半岛发现了一座城市遗址。据考证，这座遗址的年代为商朝中早期，距今已经有约 3500 年的历史。

盘龙城遗址是迄今为止中南地区乃至全国发现并保存最完整的商朝古城之一，被称为"武汉城市之根"。

考古人员在盘龙城遗址中发现了城垣、壕沟、宫殿基址群、贵族墓葬、铸铜手工业作坊等很多遗迹，还出土了青铜器、陶器、玉器等 3000 余件珍贵的历史文物。

● 商朝·········· 春秋战国·········· 西汉········

春秋战国

春秋战国时期，武汉属于楚国的领地。《论语》中记载，孔子周游列国来到这里，使"子路问津"，就是让子路打听渡口的事。

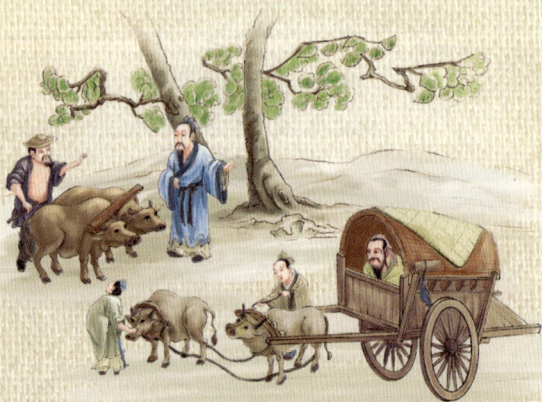

问津书院

西汉

武汉最早开始建制是在西汉时期，属江夏郡沙羡县。东汉末年，有个名叫戴监军的官员，奉命在今天的汉阳地区修建了却月城，这是武汉地区最早的城市。当时，江夏郡的治所就设在却月城内。

西汉时期，淮南王刘安在"孔子问津处"建庙征召学士讲学，取名为"问津书院"。它被誉为"中国现存最古老的大学"。

子路问津

南宋诗人陆游曾写下"市邑雄富，列肆繁错，城外南市亦数里，虽钱塘、建康不能过，隐然一大都会也"，来描写武昌的繁华。

城市之光　武汉

岳飞

三国

孙权筑夏口城

公元 223 年，孙权在武昌蛇山东北角修筑夏口城，以北阻魏国，西挡蜀国，这是武昌建城的由来。

南宋

南宋时期，武昌再次成为军事重镇。抗金英雄岳飞曾经在鄂州（今武昌）驻防 8 年，兴师伐金，岳飞也因此被封为"鄂王"。

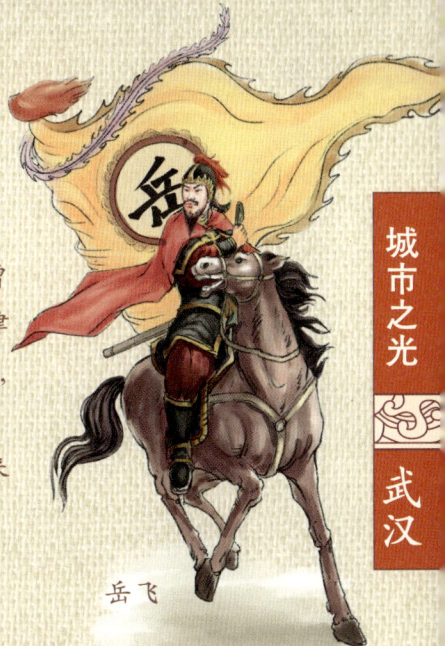

···三国········隋唐·········南宋········明清···▶

隋唐

隋唐时期，武汉作为军事重镇的职能开始弱化。但因为处于水陆要塞，地理位置独特，这里的商业获得了长足的发展。商业繁荣、经济昌盛，也吸引了很多文人墨客聚集于此。特别是位于武昌蛇山之巅的黄鹤楼，更是成为无数诗人争相吟诵的胜地。

唐朝黄鹤楼

明清

明末清初，武汉进一步发展。其中汉口作为全国水陆中心枢纽，与河南朱仙镇、江西景德镇、广东佛山镇，并称为"天下四大名镇"，成为"楚中第一繁盛处"。

1858 年，清朝与外国列强签订了不平等的《天津条约》，条约中增辟的 10 个通商口岸，其中就包括汉口。由此，汉口开始了由传统商业市镇向近代国际大都市的转型，收获了"东方芝加哥"的美誉。

归元禅寺

　　归元禅寺兴建于清顺治时期，以建筑古朴、雕塑绝妙、佛教典籍珍藏丰富而闻名。其中罗汉堂供奉有500尊泥塑全身罗汉，数罗汉是归元禅寺的一大特色。

晴川阁

　　晴川阁始建于明朝嘉靖年间，其名称取自唐朝诗人崔颢的名句"晴川历历汉阳树，芳草萋萋鹦鹉洲"。因与对岸黄鹤楼隔江对峙，相映生辉，被称为"三楚胜境"。

东湖

　　东湖是武汉的"绿心"。这里水域辽阔，自然风光优美，分为听涛、磨山、落雁、吹笛、白马、珞洪等六大景区。

　　相传屈原、李白等都曾在此流连。东湖还有着浓厚的人文积淀，是武汉的"智脑"，附近坐落着武汉大学、华中科技大学、中国地质大学等26所高等院校。

古琴台

　　古琴台取材于"高山流水遇知音"的故事。

　　岳飞"欲将心事付瑶琴，知音少，弦断有谁听"的词句，就是借伯牙和子期的典故来抒发自己壮志难酬的苦闷心情。

湖北省博物馆

湖北省博物馆是湖北省规模最大、藏品最丰富的综合性博物馆。馆中收藏的以曾侯乙编钟、越王勾践剑和吴王夫差矛等为代表的珍贵文物，展示了古代楚地灿烂的文化。

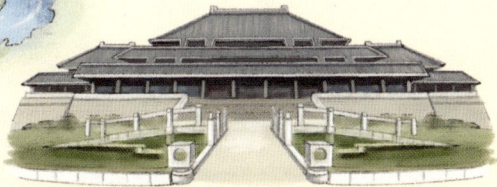

辛亥革命武昌起义纪念馆

位于湖北省武汉市武昌阅马场的辛亥革命武昌起义纪念馆，是依托武昌起义军政府旧址建立的历史类博物馆。

黄鹤楼

黄鹤楼是武汉的标志，位于武昌蛇山山巅，登楼可饱览浩荡的长江风光和武汉三镇全貌。

武汉长江大桥

武汉长江大桥是我国修建的第一座公路铁路两用桥。毛泽东主席《水调歌头·游泳》中的"一桥飞架南北，天堑变通途"，描写的就是武汉长江大桥对沟通中国南北交通所起的重要作用。

武汉号称"全国四大火炉之一",从5月开始一直到9月底,全城都进入"烧烤"模式,最高温度可达40摄氏度。但另一方面,武汉也是世界上水资源最丰富的城市之一,长江、汉江在市内交汇,大大小小100多个湖泊遍布城区。大湖连着小湖,河水接着湖水,江河纵横,水网密布,是名副其实的"百湖之城"。

一碗热干面,唤醒武汉的清晨

热干面

这样的自然地理环境,造就了武汉人直率、火爆、通达的个性。而这些个性,在武汉美食中得到了最明显的印证。

提到武汉小吃的代表,大家首先想到的就是"热干面",和热干面紧密相连的一个词,叫"过早"。武汉人口中的过早,就是吃早餐。一碗热干面,伴随着武汉人匆匆的步伐,就是武汉清晨最日常的场景。

武昌鱼

才饮长沙水,又食武昌鱼

武昌鱼味道鲜美、营养丰富,不管是清蒸还是红烧,都让人垂涎欲滴,是逢年过节宴请宾客的佳肴。

成都

课本里的成都

《春夜喜雨》唐·杜甫

好雨知时节，当春乃发生。

随风潜入夜，润物细无声。

野径云俱黑，江船火独明。

晓看红湿处，花重锦官城。

——六年级下册

相关名家名篇

扬雄《蜀都赋》

李白《上皇西巡南京歌十首》

杜甫《茅屋为秋风所破歌》

郭沫若《忆成都》

老舍《可爱的成都》

流沙河《老成都》

上榜理由：天府之国

"晓看红湿处，花重锦官城。"这是大诗人杜甫《春夜喜雨》中的名句。诗句中的"锦官城"，指的就是现在的成都。

成都是四川省省会，位于四川盆地西部、成都平原的腹地。这里"土地肥美，有江水沃野，山林竹木疏食果实之饶"，是长江上游古蜀文明的发祥地，自古以来就享有"天府之国"的美誉。

71

成都这座城市的名字，由来已久。据宋朝《太平寰宇记》记载："周王迁岐，一年成聚，二年成邑，三年成都，因名之曰成都。"一年之内形成村落，两年之内成了城邑，三年内就形成了都市。从中就可以看出，成都是多么富饶，才能让百姓都愿意来到这里聚集生活，安居乐业。

"既丽且崇"

一千多年前，晋朝文学家左思的《三都赋》将成都作为其歌颂的三大名都之一，形容成都"既丽且崇"。成都的绮丽与壮阔，就这样通过华美的赋文被人们所熟悉和向往。

"扬一益二"

西汉时期，成都的织锦业发达，当时官府在此设立锦官，即负责织锦业的官员，锦官城这个名字就是这样来的。除此之外，成都的煮盐、冶铁、漆器

等手工业也相当发达。

特别是到了隋唐时期，成都得到了长足发展，成为西南地区的商业中心。安史之乱以后，随着北方地区经济的衰退，位于长江流域的扬州、益州，经济地位超过了长安和洛阳，一跃成为全国最繁华的工商业城市，赢得了"扬一益二"的称号。

被茶水和火锅煮沸的城市

山明水秀出好茶，成都不但处于茶马古道的要冲，也是古代进行茶叶贸易的重要地区。在茶马古道的漫长历程中，成都地区不仅是边茶最重要的生产基地，而且是茶马古道上物流、人流和信息流动的强劲动力源，在促成全国经济、文化、政治一体化的历史进程中，具有不可替代的重要地位。

成都是一座浸润在茶香中的城市，成都人爱茶，爱泡茶馆，把饮茶融入生活之中。与茶的清香平和相对应的，是火锅的热烈刺激。沸腾热辣的火锅，正如成都人豪爽的性格。

因此，有人形容成都是一座"被茶水和火锅煮沸的城市"。

古蜀国

　　成都的历史可以追溯到 2300 多年前的古蜀国。公元前 4 世纪，古蜀国开明王朝迁都成都。从那以后，先后有蜀汉、成汉、前蜀、后蜀等 9 个政权在成都建都，让成都成为名副其实的"千年古都"。

　　三星堆遗址是迄今我国西南地区发现的分布范围最广、延续时间最长、文化内涵最丰富的古文化遗址，距今约 4500~2800 年。其核心区域为古蜀国都城遗址，出土了青铜大立人像、青铜神树、青铜面具等上千件珍贵文物，被认为是 20 世纪最伟大的考古发现之一。

古蜀国青铜人头像

● 古蜀国 ·············· 西汉 ·············· 三国 ·····

扬雄

西汉

　　西汉时期，成都与邯郸、洛阳等并称五都，是当时西南地区最繁华的都市。当时，最能代表大汉雄风的艺术形式就是汉赋，而"汉赋四大家"里有两位——司马相如和扬雄，都是成都人，足见成都的文化兴盛。

刘备与诸葛亮

三国

　　三国时期，成都成为蜀汉的国都。诸葛亮在《隆中对》里形容四川"益州险塞，沃野千里，天府之土，高祖因之以成帝业"。

　　《三国演义》当中的很多故事都和成都密切相关，你知道哪些？

宋朝

宋朝，成都的经济文化发展进入鼎盛时期。丝绸业规模扩大，丝绸品种繁多，造纸水平也达到高峰，官府甚至规定有些文书必须用成都造的麻纸来抄写。此后数百年间，成都一直是西南地区的政治、经济、文化中心。

造纸场景图

隋唐

隋唐时期，除了传统的桑蚕、丝绸业，成都的造纸和印刷术也取得了长足发展，成为全国造纸和雕版印刷中心。益州麻纸因其"滑如春冰密如茧"而誉满天下。

宋人抄书

隋唐 ‥‥‥‥‥ 五代十国 ‥‥‥‥‥ 宋朝 ‥‥‥‥‥ 清朝 ▶

五代十国

五代十国时期，王建、孟知祥先后割据川蜀，在成都称帝，国号蜀，史称前蜀、后蜀。

据说，后蜀末代皇帝孟昶偏爱木芙蓉，于是命百姓在城墙上遍植芙蓉，花开时节，"四十里城花作郭"，因此，成都也被称为"芙蓉城"，简称"蓉城"。

孟昶与花蕊夫人

清朝

清朝初期，因连年战乱，成都人口大减。清廷实施"湖广填四川"的大移民政策，大量移民进入成都，使成都逐渐恢复生气，并繁荣至今。

移民入蜀

2000多年来，成都从未做过大一统帝国的国都，却也从未缺席历史的重要进程。斗转星移，沧海桑田，这座"蜀郡之都"从未改变过它坚韧、乐观、灿烂的气质。

75

文学成都

　　成都是一座充满诗意的城市。若追溯其悠久的文学传统，可以上溯至西汉时期。时任蜀郡太守的文翁兴建石室精舍，创立郡学，开地方官办学堂之先河，为后世蜀文化的兴盛奠定了基础。

　　唐朝安史之乱后，乱世飘零的杜甫来到成都，才有欣赏"黄四娘家花满蹊"的优游心态，有高吟"蓬门今始为君开"的真挚情意，有发愿"大庇天下寒士俱欢颜"的儒士之心。

　　古往今来，许多诗人为成都留下了华美的诗篇，如李白、陆游、苏轼等，其中不乏中国文学史上熠熠生辉的名篇佳作。他们的诗篇，往往与成都的历史地理、人文风情浑然融合。

　　提起歌颂成都的诗词大家，杜甫绝对榜上有名。据统计，杜甫一共在成都居住了3年9个月，留下了240余首诗。像我们熟悉的《春夜喜雨》《江畔独步寻花》《蜀相》，都是这个时期创作的。

锦绣成都

成都自然地理条件优越，素有养蚕纺织的传统。"蚕丛织锦绣，丝路锦官城。"传说中，古蜀国最早的君王蚕丛已经懂得养殖桑蚕。到了春秋战国时期，蜀地的织锦生产已经成为一项重要产业。

蜀锦色彩艳丽，花纹典雅、纹路细密，以"寸锦寸金"闻名各诸侯国。

三国时期，蜀锦更是成为蜀汉的主要经济来源。诸葛亮在北征时曾提出"决敌之资，唯仰锦耳"，可见蜀锦的珍贵。

与蜀锦相对应的是蜀绣。蜀绣又叫川绣，最早出现在西汉，在三国时期就已经驰名天下，其色彩明丽，针法细腻精湛，与蜀锦并称为"蜀中之宝"。

戏剧成都

老舍曾说："我爱成都，因为它有手有口。""口"指的就是川剧。

川剧是四川文化的一大特色，语言生动活泼、幽默风趣，充满鲜明的地方色彩和浓郁的生活气息，并拥有广泛的群众基础，早在唐朝就有"蜀戏冠天下"的说法。川剧剧目繁多，早有"唐三千，宋八百，数不完的三列国"之说。川剧唱腔优美，绝技丰富，如托举、开慧眼、变脸、喷火、藏刀等，令人叹为观止。

除了川剧，成都与古琴也有着千丝万缕的联系。司马相如为卓文君弹奏《凤求凰》琴曲的故事，至今仍在流传。

行在成都

武侯祠

武侯祠是纪念三国时期蜀汉丞相诸葛亮的祠堂，与蜀先主刘备昭烈庙相邻。明初二者合一，形成君臣合庙的独特格局，是中国唯一一座君臣合祀祠庙。

杜甫草堂

杜甫草堂为唐朝大诗人杜甫为躲避安史之乱，流落到成都时的寓所。草堂位于成都的浣花溪边，是一处环境清雅、建筑简朴的文人园林。

杜甫在世时，这里只有一间茅屋而已，后来，人们出于对杜甫的崇敬，在这里建屋、建祠、建亭，形成了今天的园林景观。

望江楼

望江楼位于成都市武侯区，是为了纪念唐朝时居于成都的女诗人薛涛而建造的，民国时期开辟为数江楼公园。

园内最著名的当数崇丽阁，建于清朝光绪年间，取晋朝文学家左思《蜀都赋》中"既丽且崇，实号成都"之意。现在已经成为成都的地标性建筑之一。

崇丽阁另外一个知名之处就是它的长联。整副对联长达212个字，出自清朝"长联怪杰"钟耘舫之手。有兴趣的话，可以找来读一读哟。

成都大熊猫繁育研究基地

大熊猫是中国的国宝，而四川则是大熊猫的"老家"。位于成都的大熊猫繁育研究基地，是我国乃至世界上著名的集大熊猫科研繁育、公众教育和教育旅游为一体的大熊猫等珍稀濒危动物保护研究机构。

武威

课本里的武威

《凉州词》唐·王翰

葡萄美酒夜光杯，欲饮琵琶马上催。

醉卧沙场君莫笑，古来征战几人回。

——四年级上册

《凉州词》唐·王之涣

黄河远上白云间，一片孤城万仞山。

羌笛何须怨杨柳，春风不度玉门关。

——五年级上册

相关名家名篇

王维《凉州郊外游望》　　　　岑参《凉州馆中与诸判官夜集》

张籍《凉州词三首》　　　　　白居易《秋夜听高调凉州》

老舍《别凉州》　　　　　　　郭保林《解读凉州》

上榜理由：天下要冲　国家藩卫

　　两汉时期，在我国的大西北有这样一座城市，它是丝绸之路上的重要通道，是阻挡西北部羌族和匈奴的战略要地，更是守护都城长安的坚固屏障。自古以来，就有"天下要冲，国家藩卫"的美称。

　　它就是凉州，即今天的甘肃省武威市及周围大部分地区。

"天下要冲，国家藩卫"这个说法来自东汉名将傅燮。

汉灵帝时期，凉州发生叛乱，朝廷派军队前去平定，不料却大败而归。于是朝堂上有人提出："反正凉州地处偏僻，干脆放弃算了。"听了这话，将军傅燮厉声反驳道："凉州乃天下要冲，国家藩卫。当年世宗开疆拓土，设置四郡，无异于斩断了匈奴人的臂膀。如今你们却要把凉州割裂出去。要是凉州落到异族的手里，势必会对我们造成大患！"最终，汉灵帝同意了傅燮的建议，派兵收复了凉州。那么，凉州到底凭什么担起"天下要冲，国家藩卫"这个称号呢？

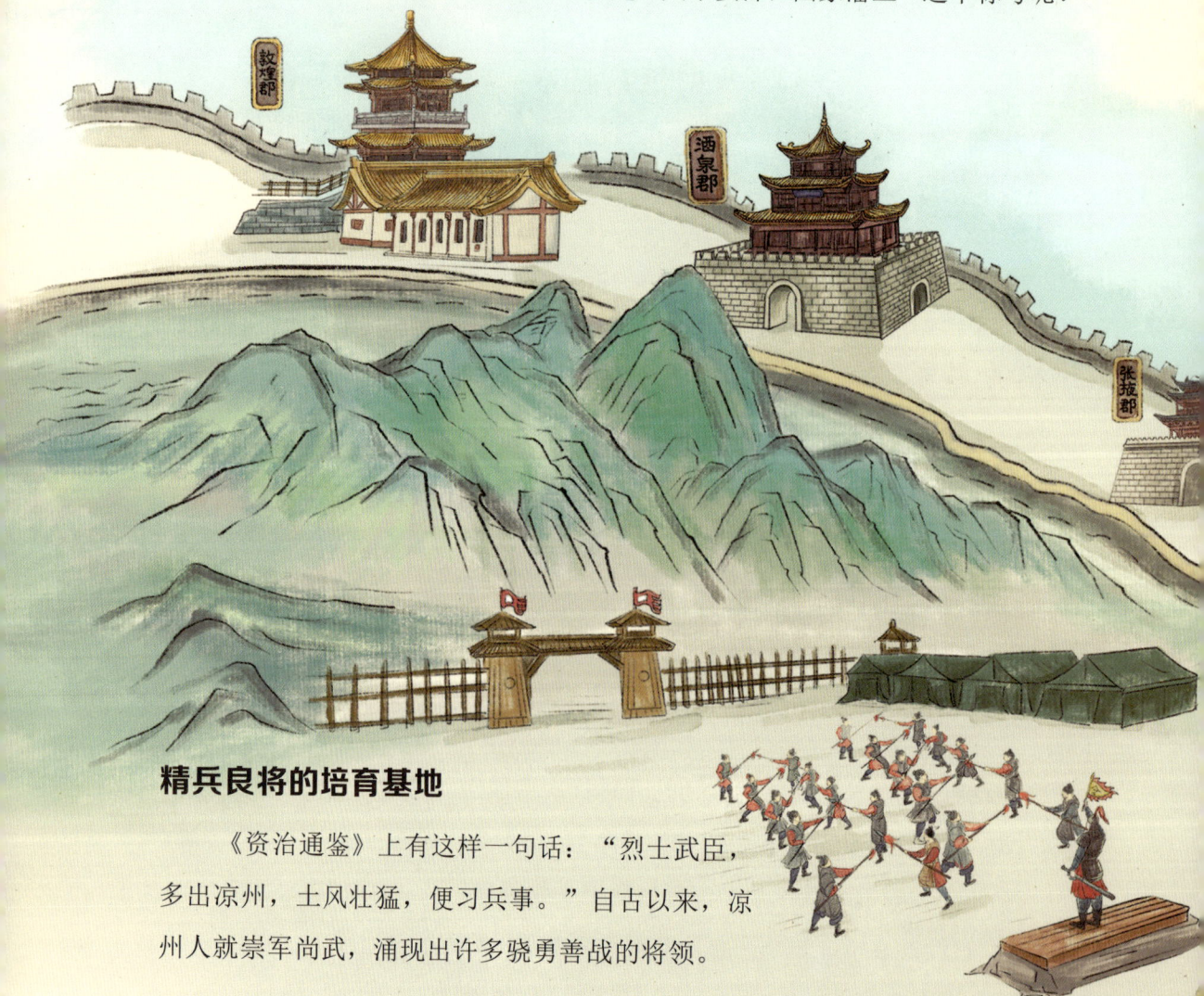

敦煌郡

酒泉郡

张掖郡

精兵良将的培育基地

《资治通鉴》上有这样一句话："烈士武臣，多出凉州，土风壮猛，便习兵事。"自古以来，凉州人就崇军尚武，涌现出许多骁勇善战的将领。

《三国演义》中的马腾、马超、董卓、郭汜等人，都来自凉州。

丝绸之路的重要关口

秦朝的时候，凉州地区是大月氏人的驻地。西汉初年，匈奴击败月氏，占领了河西地区，对汉朝边境形成重要威胁。公元前121年，汉武帝派大将霍去病西征讨伐匈奴，取得大胜，把整个河西走廊纳入了西汉的版图，随后在这里设置河西四郡，打通了汉朝通往西域的道路，建立起著名的丝绸之路。凉州位于河西走廊的东边，是丝绸之路的必经之地，控制了凉州，就等于扼住了丝绸之路的咽喉。

河西四郡，即酒泉、武威、敦煌、张掖四郡，统称河西四郡。

都城长安的重要屏障

虽然匈奴被赶出河西走廊，但一直虎视眈眈。河西四郡建立后，汉朝在这里修长城、挖壕沟、建堡垒、设置烽火台，所谓"五里一燧，十里一墩，卅里一堡，百里一城"，遇到敌情，烽燧递传，日达千里，消息很快就可以传到长安。凉州也因此成为守护长安的重要屏障。

屯田制指的是为了供养军队，利用士兵和无地农民垦种荒地的一种制度。

经济发达的富庶之地

如果你以为凉州只是军事发达，那就错了。凉州地势平坦，土地肥沃，水资源丰富，是西汉最早实行屯田制的地区之一。加上丝绸之路的开通，中原和西域的经济交往日益频繁，使得凉州成为仅次于长安的西北第二大城市，在民间素有"金凉州"之称。

81

周朝秦朝

周朝时，凉州地区由属于九州之一的雍州管辖；春秋以前则为西戎所占据；到了秦朝的时候，又归大月氏所属。

凉州这个名字是什么时候出现的？它又是怎么变成"武威"的呢？还得从汉武帝时期说起。

史前

早在四五千年以前，就有戎、崔、月氏、乌孙等北方民族在凉州地区聚族而居。

汉武帝雕像

● 史前·········周朝秦朝···汉朝·········

汉朝

公元前 106 年，汉武帝下令将天下从原来的九州划分为十三州，每州设置刺史一人，史称"十三刺史部"。其中，原来的雍州改名为凉州，设凉州刺史部，下辖武威、酒泉、敦煌、张掖、陇西等十郡。这是"凉州"这个名字第一次出现在历史上。

东汉末年，朝廷决定恢复九州的称谓，取消了凉州，将它并入雍州。

凉州意为"地处西方，常寒凉也"，所以才被称为"凉州"，也称"西凉"。

武威郡

凉州城

魏晋南北朝

220 年，魏文帝曹丕建立曹魏，又恢复了凉州的名称。

301 年，凉州望族张轨被封为凉州刺史，314 年加封西平公、凉州牧。西晋灭亡后，张氏一族仍据守凉州，建立割据政权，史称前凉。

从西晋末年到隋朝末年，先后有"前凉""后凉""南凉""北凉""西凉"5 个政权以凉州为根据地，所以人们也称凉州为"五凉古都"。

◀ 魏晋南北朝 ⋯⋯⋯⋯⋯⋯⋯⋯⋯⋯⋯⋯⋯⋯⋯ 隋唐 ⋯⋯⋯⋯⋯⋯⋯⋯⋯ 宋元明清 ⋯⋯ ▶

唐太宗李世民

隋唐

隋炀帝大业初年（605 年），废除凉州总管府，改称武威郡。

唐高祖武德二年（619 年），废武威郡，置凉州总管府。唐太宗时期，全国分为 10 道，凉州属陇右道。唐玄宗天宝元年（742 年）又改为武威郡，唐肃宗乾元元年（758 年），复改武威郡为凉州。

道，我国历史上行政区域的名称，在唐代相当于现在的省。

宋元明清

后来，在不同的朝代，凉州的名字还曾经发生过很多变化。北宋时称西凉府，元朝称永昌路，明朝叫凉州卫，清朝的时候又改回凉州府。

2001 年 5 月，武威市设立，下辖凉州区、民勤县、古浪县和天祝藏族自治县。"凉州"以区的身份重新回到人们的视野之中。

83

说起凉州的历史，可能很多人都觉得陌生，但提起《凉州词》，相信每个人都会吟诵几句。

凉州，在唐朝时是全国有名的文化中心，在中国文化史上具有独特的历史地位。

诗词凉州

凉州素有"边塞诗高地"之称。我们熟悉的很多边塞诗人，岑参、高适、王昌龄、李益都写过关于凉州的诗词。

《全唐诗》里，以《凉州词》作为题目，或者以凉州为背景的诗就有100多首。

坐看今夜关山月，思杀边城游侠儿。

——孟浩然《凉州词》

昨夜蕃兵报国仇，沙州都护破凉州。

——薛逢《凉州词》

边将皆承主恩泽，无人解道取凉州。

——张籍《凉州词三首·其三》

边塞诗，指的是以边疆地区军民生活和自然风光为题材的诗，兴起于汉魏时期，在唐朝达到顶峰。

文物凉州

这张图你一定很熟悉，它就是铜奔马，是中国国宝级文物、甘肃省博物馆的镇馆之宝，也是中国旅游的标志。

铜奔马出土于武威的雷台汉墓中。除了铜奔马，雷台汉墓一共出土了金、银、铜、铁、玉、骨、漆、石、陶等文物230多件，古钱币3万余枚，对于我们了解古代的历史文化有重要的价值和意义。

铜奔马

乐舞凉州

作为丝绸之路上的重镇，凉州自古以来就是多民族的聚居地。不论是古老的月氏、匈奴、乌孙，还是后来的羌族、鲜卑、突厥、党项，他们都聚集在凉州，也把自己的乐器、舞蹈带到了凉州。

羌笛、箜篌、琵琶、羯鼓，加上中原的正声雅乐，使得凉州乐舞不仅盛况空前，更对后世产生了深远的影响，成为中华国乐中一颗闪耀着奇光异彩的珍珠。

"凉州七里十万家，胡人半解弹琵琶。"

"唯有凉州歌舞曲，流传天下乐闲人。"

"城头山鸡鸣角角，洛阳家家学胡乐。"

古代许多诗人都描写过凉州乐舞。你还知道哪些？

石窟凉州

提到石窟，很多人只知道云冈石窟、龙门石窟。但你知道吗？它们的建造风格都受到位于武威市城南的天梯山石窟的影响。

天梯山石窟开凿于十六国时期的北凉，距今已经有 1600 多年的历史，是中国早期石窟艺术的代表，素有"石窟鼻祖"的美誉。

天梯山石窟

典籍里的武威

除了古诗词，在很多古代典籍里，也曾经提到过凉州。

典籍里的武威

凉州为河西都会，襟带西蕃、葱右诸国，
商旅往来，无有停绝。

——慧立《大慈恩寺三藏法师传》

唐之盛时，河西、陇右三十三州，凉州最大。
土沃物繁而人富乐。

——欧阳修《新五代史·四夷附录三》

自武威以西地广民稀，水草宜畜牧，
故凉州之畜为天下饶。

——班固《汉书·地理志》

你还知道凉州的哪些传说、典故，
或者和凉州有关的名人、故事？和我们
一起分享吧。

86